第三届中央人民广播电台京城好医生颁奖

第三届中央人民广播电台京城好医生颁奖

彤爱健康网上直播
腰椎退行性骨关节病还是早防早治好

接受北京电视台
《特别关注》采访

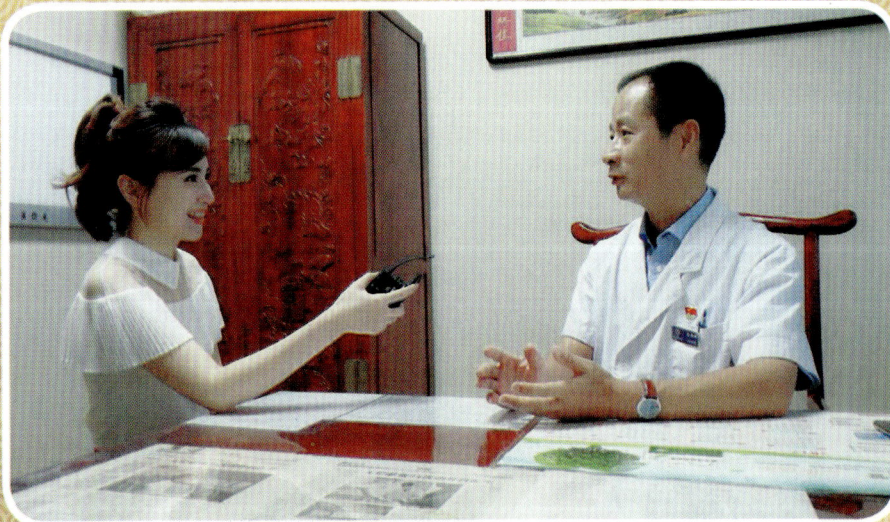

接受健康卫视采访

在北京市红十字血液中心等待献血

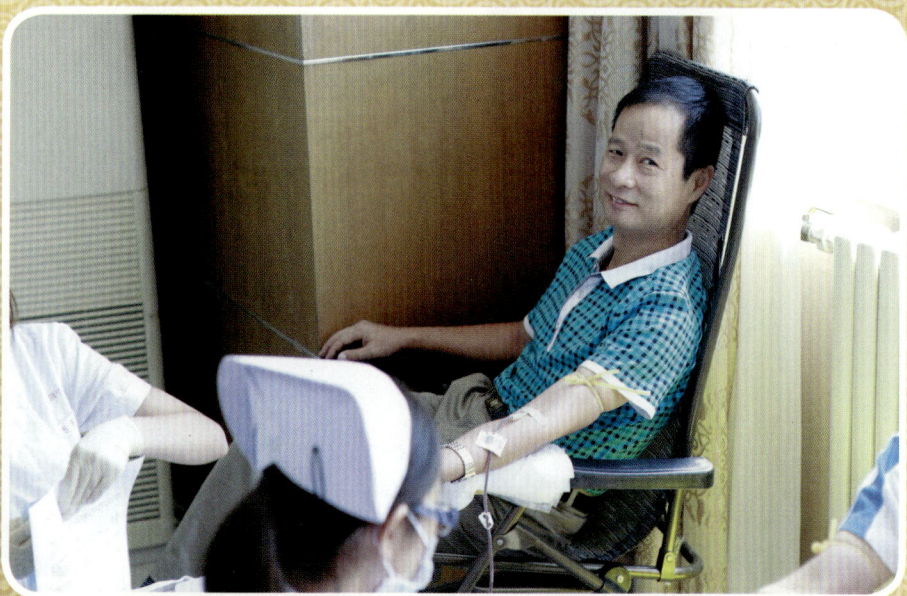

石景山区卫生计生委系统集体献血

2016 年全市"我们的价值观"主题宣讲

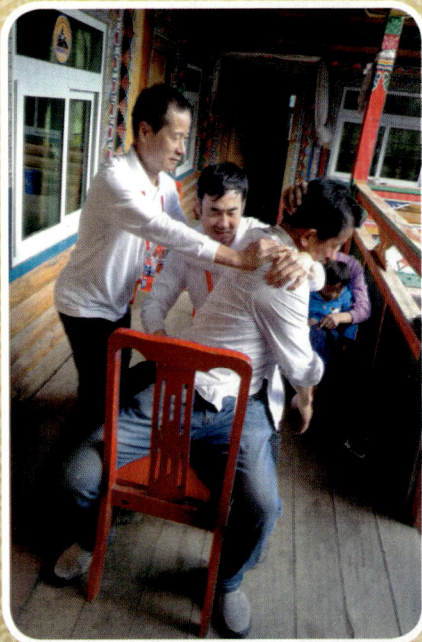

随"同心·共铸中国心"西藏林芝行
专家团为藏族同胞整复腰椎间盘突出

家访患者

好身体是这样炼成的

是这样 炼成的

朱瑜琪/编著

中国中医药出版社
·北京·

图书在版编目（CIP）数据

好身体是这样炼成的 / 朱瑜琪编著 . –– 北京：中国中医药出版社，2017.10
（2020.12 重印）
ISBN 978-7-5132-4210-3

Ⅰ . ①好… Ⅱ . ①朱… Ⅲ . ①体育锻炼 Ⅳ . ① G806

中国版本图书馆 CIP 数据核字（2017）第 109718 号

中国中医药出版社出版
北京经济技术开发区科创十三街 31 号院二区 8 号楼
邮政编码　100176
传真　010-64405721
河北省武强县画业有限责任公司印刷
各地新华书店经销

开本 710×1000　1/16　印张 14　彩插 0.25　字数 181 千字
2017 年 10 月第 1 版　2020 年 12 月第 3 次印刷
书号　ISBN 978-7-5132-4210-3

定价　39.80 元
网址　www.cptcm.com

社 长 热 线　010-64405720
购 书 热 线　010-89535836
维 权 打 假　010-64405753

微信服务号　zgzyycbs
微商城网址　https://kdt.im/LIdUGr
官 方 微 博　http://e.weibo.com/cptcm
天猫旗舰店网址　https://zgzyycbs.tmall.com

序 言

　　运动和锻炼的疗法由来已久，无论是西方医学中飞速发展的康复医学，还是中医学中的太极拳、八段锦、五禽戏等，都有大量相关内容，由此可见，锻炼的理念已经根植于医生内心，并帮助越来越多的患者顺利康复，回归社会，重返岗位。但遗憾的是，由于多种原因，医生接诊时难有机会来普及这些锻炼的知识与方法。所以，通过科普与传播的方式，使人们对锻炼有更深刻的了解，能够在疾病的预防、治疗、康复过程中，通过积极主动的运动方式，从而激发出体内强大的自我修复能力，争取早日康复，就显得尤为重要。这样不仅可以节省大量医疗费用，更重要的是激发了人们战胜疾病的主观能动性，早日重获健康。看得出《好身体是这样炼成的》一书正是为了这样的目的而编撰。

　　这本书，内容非常丰富，从"锻炼防治老年病"到"女人越锻炼越漂亮"，从"锻炼缓解骨关节病"到"用锻炼保护大脑'司令部'"，再到"把'难言之隐'锻炼走"，为防治常见疾病构建了一条清晰的锻炼脉络，使读者们（尤其是健康知识偏少的人们）通过本书能够迅速为自己打开锻炼之门，从而更好地防病治病，强健身心。

　　我与朱瑜琪主任共事多年，在他三十多年的从医生涯里，处处以患者为中心，不管是工作时间还是包括春节这样的节假日，只要患者有需要，他总是随叫随到。除了从事临床工作外，他还积累了丰富的科普传播经验，在今日头条和搜狐健康等自媒体平台累计发表科普稿件1500多篇，阅读量超过5000万人次，他既是临床医疗专家，也是科普创作的能手。更令人感动的是，他连续19年为患者义务献血 44 次——堪称"大医精诚"。

"不积跬步，无以至千里，不积小流，无以成江海。"朱瑜琪主任在日积月累中，既精于临床医疗，又擅长科普创作，他编写的《好身体是这样炼成的》一书，以便于广大民众实用为目的，采用通俗易懂的语言，利用图文并茂的形式，为读者展开一幅关于锻炼养生的精彩画卷。我相信读者们一定能够从中受益，故欣然为序。

中国中西医结合学会常务副会长

中国中医药出版社社长

主任医师，博士生导师

2017 年 6 月

引言

能用锻炼来解决问题，
为什么还要守着药罐子

我是一名骨科大夫，每天在门诊中，都会有很多骨关节疾病的患者慕名而来。随着我临诊时间的延长，就连很多其他疾病的患者也来我门诊上就诊，比如像在老年人群中发病率比较高的糖尿病、便秘、头晕，像中青年人群中容易出现的鼠标手、颈椎病、失眠等，还有一些影响到女性形象的情况，比如胸部下垂、肥胖、小肚腩等。

为什么会有这么多其他疾病的患者来找我就诊？是因为我能包治百病吗？当然不是。一方面我给他们用药最少、花费最小，另一方面，我给他们介绍的锻炼方法让他们参与进来，通过运动获得了健康。就好比得了糖尿病的人，现在医学界普遍认为，运动是控制血糖最基础的治疗方法，有规律地运动不仅会消耗更多热量，还可以提高机体对胰岛素的敏感性。但是看看咱们身边的糖尿病患者，很多人不知道怎么合理地运动，血糖就是单纯靠药物来维持，不知道通过锻炼把自己的健康把握在自己手中。我接诊的很多糖尿病患者，通过降糖操等锻炼，再配合少量的药物，就能把血糖控制得好好的。吃药越少，不良反应也越小；锻炼越多，身体也越健康，患者进入了一个良性的循环。

再比如，现在人们的生活节奏太快了，压力太大了，患神经衰弱的人越来越多。工作的人患了神经衰弱工作效率会降低，学生如果神经衰弱学习成绩会变差，我告诉他们神经衰弱的锻炼方法，坚持锻炼一阵子，不仅神经衰弱好了，身体也变棒了。吃药能治好神经衰弱吗？一部分人可以，但是能让我们的身体变得棒棒的吗？

说白了，这就是会锻炼的妙处。而这些方法，只有我们医生才知道！

普通人生病的时候，首先想到的就是上医院找大夫或者就近找家诊所去治疗。把专业的问题交给专业的人来做，这的确是最好的解决办法。但是，目前咱们国家的医生相对比较少，2013年我国卫生和计划生育事业发展统计公报给出的官方数据显示，我国执业（助理）医师约279.5万。虽然每千人口中医生约有2个，但是目前咱们国家的医生普遍学历比较低：本科及以上占28.5%，大专占38.7%，中专占30.0%，高中及以下占2.7%。也就是说，如果不考虑医生的继续教育问题，只算本科学历或以上的医生，那千人还不足0.6个医生。这样的话，好的大夫每天都要看几十个甚至一两百个病人，平均下来，排上两个小时的队只能换来医生的两三分钟，可他要望闻问切，要看化验单结果，要开药方，哪里还有时间来告诉我们更加简便的治疗方式。其实，不用花钱的锻炼方法也很有效！

无论是现代医学技术，还是咱们国家古代的传统医学，都非常重视锻炼。在西方，科学家们运用医学、物理学、心理学等多种方法，研制出了很多针对不同疾病的锻炼方法，而医护人员运用这些方法，让很多病人重新回归到正常的社会生活中来，这也是西方近年来康复医学飞速发展的一大原因。而咱们国家千百年来，同样积累了很多非常了不起的锻炼方法。比如说，大家耳熟能详的八段锦、五禽戏、提肛、站桩等。但遗憾的是，由于诸如以上的多种原因，很少有医生愿意花时间来普及这些知识。

我自己也经常在公园里锻炼，看到很多中老年朋友都非常盲目，看到别人去跳广场舞，自己也跟着跳；看到别人打太极拳，自己也跟着打太极拳，没有找到适合自己的锻炼方式，我为他们着急不已。试想一下，假如你患有便秘，你跟着别人去跳舞、打太极，对你的疾病有什么好处？为什么不看看这本书，进行一下有针对性的锻炼呢？比如，做几次提肛运动或者顺时针按摩一下自己的腹部，说不定你的便秘很快就解决了，不用吃泻药，也不用担心毒素存留在身体里被反复吸收了，何乐而不为呢？

再者，有心人会发现，咱们身边有些人因车祸或突发脑中风导致偏瘫、尿失禁、语言障碍等，生活都不能自理了，但在医院康复科医师的指导下，有针对性地进行几个月的物理锻炼，那么严重的病居然就好了，偏瘫的能走路了，尿失禁的不用戴尿不湿了，说话不流利的会正常说话了。这么严重的病通过锻炼都能恢复健康，我们现有的一些小毛病岂不是更加不在话下？

所以，命运掌握在我们自己手中，面对疾病，我们不能只是被动地接受药物治疗而什么都不做，而应该积极主动地通过运动锻炼的方式来激发出体内强大的自我修复能力，以此来对抗疾病，直至战胜病魔。

这就是我写作这本书的初衷，在这本书里，你可以找到大多数家庭常见病的辅助锻炼方法，有些锻炼方法是国际医学界一直在用的方法，非常权威；有些则是咱们国家流传了几千年沿用至今的方法，屡试不爽；还有一些是我和其他学科的一些专家多年来在数万名病人身上成功实践过的方法，效果非常显著，也非常实用。最最关键的是，这些方法无须意志力就能够坚持天天做。

书中大部分方法，可以让您再也不用吃药。比如说，现在患耳鸣的老年朋友有很多，一天到晚耳朵边上就好像有小虫子在叫一样，不堪其扰，严重影响正常生活。而目前药物治疗的效果又不理想，通过"耳功疗法"，往往可以不治而愈。

还有一些方法，可以让您的服药量大大减少，就像我在前面说的高血压一样。通过锻炼，您无须再吃大把的药，药物对身体的不良反应自然就小了，您的医疗费用也降低了，一举多得，有什么不好呢？

但要切记，锻炼只是治疗的辅助手段，任何疾病必须在接受规范治疗的同时，配合力所能及的锻炼才能事半功倍。

本书用真实的患者案例，通俗易懂的语言，风趣幽默的表达，把严谨繁复的医学知识讲述得亲切有趣，合起来就是《好身体是这样炼成的》。

朱瑜琪

2017 年 7 月

目录

第五篇　这样运动更健康更阳光

第六篇 用锻炼保护大脑"司令部" 173

第一篇

锻炼对了胜吃药

锻炼是把命运掌握在自己手里

来到这个世界上，谁都摆脱不了疾病。

生病的时候，我们会想：

我啥时候才能好啊？

到了医院，又会想：

大夫的医术怎么样？

开的药对不对症？

药得吃多久才见效？

越想心里越是没底，心里没底就越会胡思乱想，这样反过来又会加重病情。

原因在哪儿呢？最根本之处就在于没把自己的健康掌握在自己的手里。身体是啥？跟咱平时开的汽车一样，平时不注意锻炼身体，不好好保养，等到身体"生锈了，跑不动了"，到专家那儿一看，身体该"大修"了，这时就是后悔也来不及了。

所以，平时我们要时刻注意锻炼！那有读者又会问了：锻炼就能把健康掌握在自己手里？

咱先来看看锻炼的这些好处吧！

锻炼能让人精力充沛。看看咱们的身边，很多人会感觉自己身体没劲儿，做什么事情都慢吞吞的，眼睛也没有神气。年轻人看着不像年轻人，跟中年人似的，中年人看着跟老年人似的。问问他们，十之八九都缺乏锻炼，这些人一锻炼就好！原因很简单，一锻炼头脑及身体内的含氧量就会增加，气血运行就会加快，能不精力充沛吗？

锻炼能让人更快乐。在我们的大脑里有一种物质叫内啡肽，这可是个好东西，它会让人的身心处于一种轻松愉悦的状态。所以，它又被人称为"快乐激素"或者"快乐荷尔蒙"。那内啡肽怎么获得呢？一种不花钱的途径就是运动，当我们经过一定程度的运动后，大脑就会产生内啡肽。所以，经常锻炼会让我们获得持续的快乐！而当我们经常感觉到快乐的时候，焦虑、抑郁、不安、苦闷等多种不良情绪自然就没有立足之地了。

锻炼让我们更"性"福。对于女人来讲，坚持锻炼身体会变得更加匀称、丰满、阳光、动感。锻炼还可以增加女性生殖系统的血流量，让女性处于一种爱的感觉中。而有一项关于男性锻炼的调查显示，保持每周 4 次、每日 30 分钟的快走，或进行能量消耗相当的其他运动，如游泳、慢跑等，可以使成年男性的性功能障碍发生率减少 2/3。另外，锻炼还可以使男性肌肉更加发达，房事更加凶猛，可以说锻炼就是天然的"伟哥"。

锻炼让我们睡得更香。现在，有太多太多的都市人饱受失眠的困扰，入睡困难，睡的时间短，睡眠浅，中间易醒，爱做梦等。锻炼需要消耗体力，会增加我们的疲劳感，而疲劳感会使人更容易进入深度睡眠状态，说白了就是能让人睡得更沉更香。

事实上，锻炼的好处远不止此。锻炼可以让我们身体的脂肪含量更低，减少患高血压、高血脂、糖尿病、心脏病等疾病的风险；可以让我们更好地应对工作生活中的压力；可以让我们的骨骼更加强健；可以让我们更加年轻；可以让我们的免疫系统更为强大，减少患病概率；锻炼可以让我们结识更多的朋友，更好地融入集体。

当我们锻炼时，我们更精神，更快乐，更"性"福，更年轻，难道健康不是掌握在自己手里吗？

为什么给大家推荐锻炼治病

作为一名医生，让病人获得健康是第一位的，但是绝对不能仅限于使用药物治疗。先给大家讲个故事吧！相传，神医华佗有个徒弟叫吴普，拜华佗为师学医，得到了华佗的教诲，他不但医术高明，而且高寿百岁，耳不聋、眼不花、发不白、齿不落。他为什么能这么长寿呢？

据说，吴普原来是个官宦之家的子弟，过着富裕的生活，是位"肩不能担，手不能提"的阔少爷。有一次华佗带着他外出采药，回到家他就病倒了，华佗就去给他看病，到那儿一摸脉，六脉和平，一点病没有。华佗心中有底了，华佗说："人要想身强体壮，减少疾病，延年益寿，最有效的办法是劳动锻炼。"

吴普听了这番话，他心中暗想：噢，我说师父身体怎么如此强壮，原来他有长寿的"秘诀"。想到这里，他的兴趣来了，忙问："老师，能教给我吗？"

华佗说："当然可以，我教你的是五禽戏。这'五禽戏'实际上就是五种动物的活动方式：一是虎，按虎的动作练其四肢；二是鹿，按鹿的动作练其颈部；三是熊，按熊的动作练其腰椎；四是猴，按猴的动作练其关节；五是鸟，按鸟的动作练其胸腔。按这五种动物的动作，每天

虎戏

鹿戏

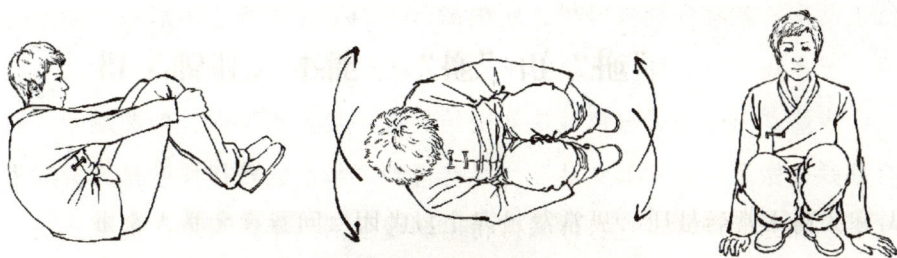

熊戏

猴戏

鸟戏

练上几次，就感到周身轻松，腹内欲食。如果身体有点不舒服，做上一番'五禽戏'，把身体活动出汗，马上就会觉得好些。"

华佗拿出一本《五禽戏法》交给吴普。又走到院内，伸曲跳跃，展合仆跌，做了一遍"五禽戏"。吴普得到了华佗的传授，于是天天练了起来，练呀，练呀，把身体锻炼得由弱变强活到年近百岁，他把此法又传给了许多人，凡学会了"五禽戏"的，几乎都成了百岁老人。

这是我最喜欢的一个故事，也是最常给我的患者讲的一个故事。怎么样才能把患者的病治好？给患者开点药就万事大吉了吗？当然不是！还要让患者配合你才行！一个年轻人外出的时候受凉得了面瘫，在一家医院治疗了一个月，又是扎针灸又是理疗，又是吃药，患者身心疲惫。这个年轻人见我的时候说了一句话："大夫，我当时在进行这种治疗的时候我心里就没想着病能好。我就在想，这么折腾能治病？"这话让我印象太深刻了。我当时问他家里还有什么药，感觉他在上一家医院大夫开的药还可以用。于是就叮嘱他把剩下的药接着吃完，别浪费了。然后我又教他一种锻炼方法，告诉他，要想把自己的病治好就得靠自己。

结果，这个患者除了按时用药外，天天在家锻炼，只用了十二天，面瘫就好了。

用锻炼之法调动自身的气血运行来疏通面部经络，病怎么能不好呢？

🏃 找到适合自己的锻炼方法，比吃药都管用 🏃

我的一个朋友，十年商场打拼下来，手里也有些钱了，于是就买了一栋别墅。刚搬入高档社区，看到社区里的人都打网球，心里痒痒，也买了一副球拍，结果到球场上没十分钟，跳跃时一只脚没站稳，弄了个急性腰扭伤，在医院里躺了半个月才好。

还有一个朋友，一天早晨突然给我打电话。原来，前几年咱们国内特别流行倒走，朋友的老父亲 70 多岁了，也跟着去倒走，结果出现头晕一下子栽到了地上，幸好身边的人送医及时，才抢救过来。原来，这个朋友的老父亲患有高血压、冠心病，本身就有眩晕的毛病，不适合倒走这项锻炼，才整出这场事儿来。

像这样因为不当锻炼而受伤、死亡的案例越来越多，想必咱们身边也发生过很多类似不幸的事件。

其实锻炼最怕什么呢？

一是没目标瞎锻炼。我自己天天锻炼身体，也认识了很多人。经常见到一些人，锻炼很没有目的，看到大家都在跳广场舞，也跟着站到队里跳一会儿。看到别人练太极拳，也去跟着比划比划。看到别人在那打篮球，也上去投几个。看似玩得很开心，但是实际上没有起到锻炼的效果。

二是没有把握锻炼的难易度。有些人觉得锻炼嘛，难度越高、强度越大越有效果，所以锻炼的时候跳得高、蹦得远、动作幅度大，不仅达不到锻炼身体的效果，反而容易伤身体。

三是以有没有出汗作为标准。有些人认为锻炼就应当出一身汗，显得有效果。其实不然，锻炼跟打仗是一样的。有些人是战士，那就得杀场上真刀真枪，见血露骨。但是有些人是间谍，那反而要小心翼翼，获得一个有利的情报，不比一支军队在战场上浴血奋战取得一场胜利的效果差。

这也是我写这本书的目的。锻炼其实像吃药一样，要对证求治！您如果有高血压，本书里有现成的降压操，您坚持天天做降压操，那肯定对降血压能起到事半功倍的效果。如果您是位脑力劳动者，天天跑步也不能说有错，但是对于在电脑前久坐的脑力劳动者来讲，如果进行预防颈椎病、鼠标手、腰椎间盘突出等疾病的锻炼，那当然就更好了，既可以预防职业病，又能强健身体，可以说是一举两得。

在写这本书之前，我做了大量的准备，不仅翻阅了大量国内外相关文献，还根据不同的疾病和专业跟上百位专家咨询学习有关锻炼治疗疾病的经验，更有很多方法已经在我的从医经历中得到了患者使用后的康复验证。所以，在我写的这本书里，既有针对糖尿病患者的降糖操，高血压患者的降压操，也有延年益寿的拉筋法和对付肝病的鼓荡两胁法。还有针对骨关节疾病患者的壮骨操、壁虎爬墙术、网球肘锻炼法，针对女性小肚腩、胸部下垂、盆腔炎、大饼脸等的美容锻炼法，更有针对青少年朋友的普拉提运动、耐寒锻炼、矫正八字脚锻炼法等，都非常实用。

活动活动，要想活命，就得多动。让我们一起锻炼起来，感受生命的真谛，治愈自己的疾病，获得健康与长寿！

第二篇

锻炼防治老年病

糖尿病患者不能瞎锻炼　学会降糖操最关键

活动，活动，要活就要动。对于患有糖尿病的慢性病患者来讲，尤是如此。很多糖尿病患者觉得应当把药物治疗放在首位，其实不然，运动同样重要。

现代医学界普遍认为，运动是控制血糖最基础的治疗方法，有规律地运动不仅会消耗更多热量，还可以提高机体对胰岛素的敏感性，改善脂质代谢，矫正肥胖体型。

我每天都会遇到很多糖尿病患者，在跟他们聊天的时候，我会有心地问他们是怎么锻炼的，不过很遗憾，很多糖尿病患者的锻炼方法是"跟风、随大流、人云亦云"，看别人练太极他就去练太极，看别人跳广场舞他就去跳广场舞，这样做非常不正确。大家都知道，糖尿病最大的危险其实是对心、脑、肾的伤害，糖尿病患者多伴有心脑血管并发症，因此过量的、不适宜的运动反而会引起血压升高，引起脑血管破裂等风险。

有一天早上大约六点半的时候，我们医院急诊科接来一位在晨练中突然脑出血的糖尿病患者，医护人员虽然奋力抢救，但患者最终还是遗憾离去，非常可惜。很多糖尿病患者不知道，清晨锻炼和剧烈运动并不适合糖尿病患者，清晨大多数人都是空腹锻炼，这样反而容易诱发低血糖，甚至引起低血糖昏迷，特别是伴有高血压并发症的患者，如果突然剧烈运动，会加重心脏泵血的负担，可能造成梗死或血管破裂。

现在的糖尿病患者，通过口服降糖药、注射胰岛素等方法，可以把血糖控制在一个安全的范围内，这是目前国内通过学习国际上通用的治疗糖尿病的方法的结果。但是，很多患者可能不太了解，西方医学的强大，不仅仅在于药物等针对性的治疗，还在于有配套的运动方法。比如，在美国针对糖尿病的临床治疗方面有一套简单易行的降糖操，我将其概括为"先练上肢后挺背，收紧腰腹再练腿"。如果仅仅是单纯用药控制，效果不会太好，配合锻炼可以巩固治疗效果。

上臂肌肉练习

双臂屈伸：双手各握一个哑铃，哑铃的重量视个体的情况而定，双臂自然下垂，然后上提，肱二头肌用力，前臂旋转让手掌面向肩膀。坚持5秒后放下手臂回到原位，放松过程尽量不用力。

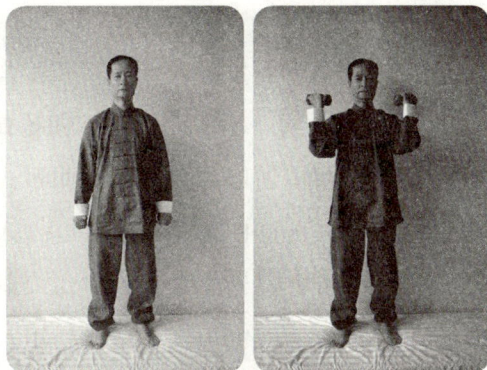

颈后屈伸：双脚一前一后，略微分开站立，双手握住同一个哑铃的手柄，缓慢抬起哑铃过头，然后伸直胳膊让哑铃一端朝向天花板，接着缓慢弯曲双肘，让哑铃下降到脑后部，保持上臂不动，并与地面垂直，肩胛骨向下压，这个动作要保持20秒。

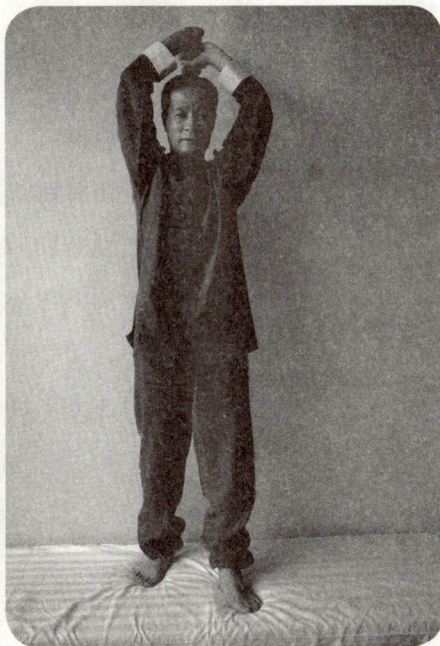

　　肩臂推举：双手各握一个哑铃，举起直到和耳朵平齐，肘部弯成90度，然后向上推举哑铃，直到双臂完全伸展，再缓慢下降到起始动作。动作重复进行10～20次。

胸腹腰背部练习

　　胸部推举：身体平躺后膝盖弯曲，脚掌平贴床面。双手各握一个哑铃，与胸部平齐，向上推举直到肘部伸直，保持该姿势2分钟，然后缓慢下降到胸部位置，再重复此动作。

坐式划船：坐在地板上，双脚并拢，膝盖弯曲，双手各抓住阻力带一端（阻力带需缠绕在固定物体上），胳膊朝前伸直，两手心向下，后背挺直，然后拉动阻力带朝自己方向移动，保持肘部与身体靠近，然后再慢慢伸直胳膊。

仰卧起坐：躺下，屈膝，双脚掌贴地面，双手放在脑后，肩胛骨收缩聚拢，肘部向后弯。运动过程中，收紧腹部肌肉，弯曲肩膀，提升上背部离地，然后再缓慢恢复平躺姿势，下背部向地面施加压力。

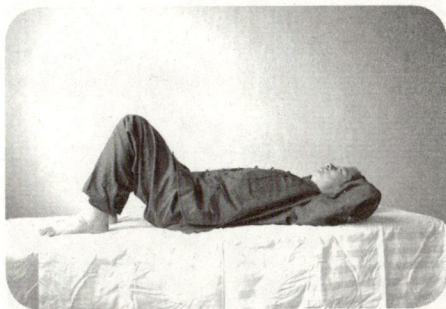

腿部肌肉练习

屈膝蹲坐：双脚分开站立，与肩宽一致，屈膝，仿佛自己坐在一把椅子上，大腿与地面平行，膝盖不要前倾超过脚趾，然后身体略前倾保持2分钟。

俯撑蹬腿：面朝地板趴下，双肘垂直地面支撑上身，脚趾弯曲支撑脚部垂直于地面，然

后收紧腹部和大腿肌肉向上提升离地，保持身体与地面平行，坚持1分钟再缓慢放下。

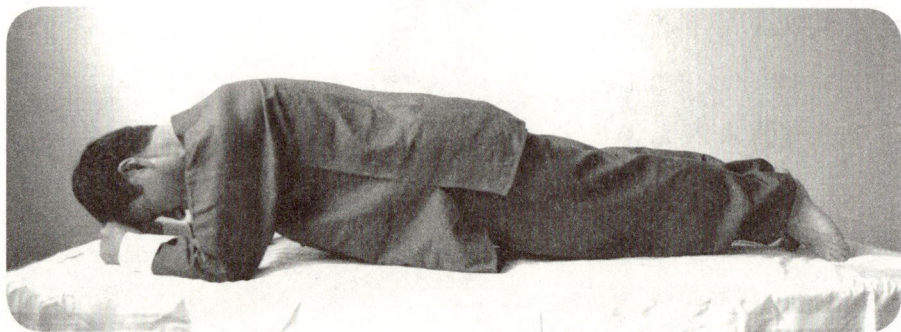

腿筋屈伸：手扶椅背，左脚跟后抬至臀部，右腿略弯。然后放下，重复8至12次，右腿重复相同动作。

弓步向前：站立，双脚分开与肩同宽，右脚向后迈一步，屈双膝，膝盖不要碰地面，左大腿基本与地面平行，左脚跟用力，保持30秒后换对侧腿练习。

以上这些方法每天可以坚持做一次，应在饭后2小时进行，长期坚持可以很好地控制、降低血糖。如果在运动过程中感觉身体不适，都应立即停止，休息后再进行。

以前在我这里诊治的患者中有很多患有糖尿病，我都会推荐给他们这套锻炼方法，通过这种锻炼，他们反映说，血糖很容易就控制在了合理的范围内，吃的降糖药也少了，体重也减轻了。

吊沙袋远离老寒腿

我和宋先生住在同一个小区里，他比我大十几岁，我称他为宋叔。宋叔早年在南方居住，以采藕为生。每到荷塘出藕的季节，他总是穿着防水服在近一米深的荷塘里，猫着腰用双手将十几亩的藕一个个从淤泥中抠出来。

对于他们这些以采藕为生的农民来说，没有什么荷塘月色的浪漫，只有深秋后冰冷的河水，这就是生活。

就是因为常年接触寒冷潮湿的环境，宋叔落下来老寒腿的毛病，老了以后，虽然跟着儿子到城里生活，但是却不能享"老来福"，两条腿的膝关节每逢阴天下雨或气候转凉就会疼痛加剧。

很多人把老寒腿跟风湿性关节炎混为一谈，其实两者并不一样，老寒腿多是因为受凉、劳累或外伤后引发，以反复发作、久治不愈的腿部（多为膝关节）酸麻疼痛为临床表现，并不会对身体造成系统性的损害，也不会像风湿性关节炎那样引起严重的关节畸形，但这种疼痛和活动障碍会使患者们承受很大的痛苦。

老寒腿是一种慢性病，吃什么药都只能治标，不能治本。我后来给他推荐了一种锻炼方法，经过坚持锻炼，腿彻底不疼了。

股四头肌锻炼法

采用"吊沙袋"的股四头肌锻炼方法。锻炼时伸直膝关节、绷劲，在脚踝部挂一个约一公斤的沙袋，然后做伸直抬高下肢的动作，每天1～2次，每次20～30下，要持之以恒，以增强膝关节的力量和灵活性，帮助消炎。

老寒腿主要原因是关节退变，滑膜发炎了。滑膜是关节囊的内层，薄而柔润，含有少量的滑膜液体，对关节有润滑的作用。人体正常的滑膜组织可以适应气候的各种变化，但是当人的滑膜组织发炎后，滑膜组织的这种对气候变化的调节反应能力就会明显下降，每当遇到气温大幅度升降，空气湿度增加时，滑膜反应迟钝，渗出黏液增多，导致关节积液黏度增高，这样就增加了关节运动的阻力，从而使关节疼痛加重。所以，老寒腿患者对气候变化特别敏感，对天气变化的提前预知甚至比天气预报还要准确。

为了消除关节处的炎症，患者就需要长期服用消炎药，但是临床效果并不好，而且消炎药吃时间长了，就会对胃、十二指肠等造成刺激。中医讲，脾胃是人的后天之本，如果为了治腿，把脾胃这个"后天之本"给伤害了，反而得不偿失。而这个"吊沙袋"的方法，可以通过锻炼膝关节周围的肌肉来帮助减少滑膜炎的发生，增强膝关节的灵活度。常年被老寒腿困扰的患者朋友们，不妨也做一个这样的沙袋，平常在家多锻炼锻炼。

提醒大家一下，我到公园等地锻炼的时候，经常遇见有些老寒腿患者，锻炼的时候采用半蹲后左右摇晃膝关节的方法，这种方法是不可取的，因为这样会加速髌骨关节的磨损。

老年人的便秘医疗操

说个医院发生的事吧，有个朋友，是肛肠科的大夫，给一个肠癌的患者做手术，大夫把患者的肠道一打开，顿时刺鼻的臭味像烟雾弹一样扑来，虽然大家都戴着口罩，仍然被呛得受不了。原来，是肠道里的"垃圾"散发出来的气味。后来，参与手术的医生护士都在感叹：这样的人不得肠癌才怪呢。原来，这个患者以前就有顽固性便秘的毛病。

所以，后来在门诊上碰到便秘的患者，我都特别上心，会非常用心地提醒他们。

生活中处处留心皆学问，几年前我就跟着一个患者学了一套便秘医疗操。记得是一次看病的时候，有个患者跟我说，他坚持做了一种锻炼，后来便秘就好了。当时我很吃惊，人上了年纪后，由于肠蠕动功能降低，特别容易发生便秘，所以门诊上老年便秘的人特别多，而且很多人都非常顽固，这位患者就是这样。以前我给这位患者看别的病的时候，他就说，自己三天两头地出现便秘，解大便的时候要费九牛二虎之力，非常痛苦。他说，现在自己每天早上起床都要解一次大便，非常准时，便秘再也没出现过。这位患者锻炼的方法我也留了下来，具体锻炼方法是：

屈腿运动：平躺在床上，两腿同时举起，使大腿尽量贴近腹部，这样反复10次。

举腿运动：两腿举起，膝关节尽量伸直，然后慢慢放下，也反复做10次；

踏车运动：双腿在半空中模仿骑自行车的动作，交替伸曲双腿，连续做2分钟。

患者跟我说了这个方法以后，我就在想这个方法为什么可以调理便秘，其实道理非常简单。老年人便秘多是因为长期缺乏运动，腹壁肌、膈肌、盆底肌和肠

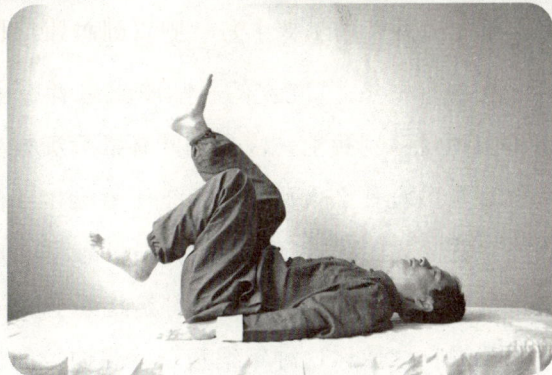

平滑肌等功能慢慢退化减弱，导致肌张力下降，胃肠蠕动减慢，排便动力不足。而通过功能锻炼，则可以增强腹肌和提肛肌的肌力。同时，通过腹部的一起一伏，还可以刺激胃肠的血液循环，增强胃肠蠕动功能，活跃身心，加快肠道传输，减少粪便在肠道停留的时间，避免粪便硬结，使排便不尽感及肛门直肠梗阻感减轻，利于排便。

后来我在门诊出诊，问二便情况时，一听到患者说自己有便秘，或者大便干结的，我都会把这个方法推荐给他们。很多人反映，说效果特别好，有的患者锻炼三四天大便就恢复正常了。

排便即是排毒，如果粪便在肠道中停留时间过长，就会产生大量对人体有害的物质，被肠壁吸入后进入血液循环，损害人体健康。所以现在"排便"理念在老年人群众中特别受重视，俨然成了一种新的养生趋势。存在功能性便秘的朋友，先别急着吃药，不妨也试试这个便秘医疗操。我还是那句话，学会训练，药物减半，只要有好的运动疗法，就要不遗余力地亲自实践，千万不要拿自己的身体去充当药罐子。

口唇闭锁练习法改善吞咽功能

以前，中风都是老年人的专利，但从近几年的发病情况来看，年轻人患此病的数量越来越多，约占到中风患者的一成左右。想想也难怪，现在年轻人工作紧张、应酬频繁，长期吸烟、酗酒导致多种有害因素早早地便把身体拖垮。

有次，一位才24岁的吞咽障碍患者在家属的陪同下来找我。他口齿不清地说："我前一段贪喝几杯酒后突发中风，后来在老家县医院治疗，现在虽没什么大碍，但落下了吞咽困难的后遗症，无法正常咀嚼和吞咽食物，只能吃些流质食物，喝水都经常被呛着喉咙，没法工作不说，天天得有人照看着，我把全家都给拖累了。"

我说："像你这种年纪轻轻就患中风的情况我见多了，也亏你们占着年轻的本钱，没什么生命危险，但小毛病终究是跑不掉的。"

我们都知道，大脑是人体的"司令官"，人体的很多反射活动都是由大脑中枢操控的，如果出现一些脑部病变，比如中风、脑梗死等，损伤了中枢神经或周围神经，那"司令官"就不能正常传达指令，这种反射功能就会被中断，出现障碍。所以，很多患者中风后都会落下偏瘫、失语、吞咽障碍等后遗症。

针对这些后遗症，以前很多医生认为中枢神经损伤后是不可能恢复的。不过，在 20 世纪 30 年代，神经康复学家 Bathe 和 Kennard 提出脑的可塑性及功能重组论，认为中枢神经系统在结构上和功能上是可以重组的。后来，经过长期的临床实践证明事实的确如此，大脑的神经元就像是神经的"根"，只要根不断，则轴索、树突与突触便可以重新发芽、再生，实现功能重组。

随后，我教这位年轻小伙一个帮助恢复吞咽功能的锻炼方法，叫口唇闭锁练习法。

口唇闭锁练习法

器材非常简单，只需一枚普普通通的纽扣和细长的尼龙绳，把绳子一端系在纽扣后，训练器材就制作完成了。

完成这套动作需要患者家属配合操作，训练的时候患者家属坐在患者对面，让患者口含纽扣，而家属则手拿着尼龙绳的另一端左右牵拉。锻炼的整个过程就像是拔河比赛，患者家属要试图把纽扣从患者口中拽出来，而患者要紧紧地含着纽扣，不让半步，脑袋也随着家属的牵拉左右移动。

这其实是借助纽扣在与患者的口唇进行对抗训练，目的就是提高神经系统的兴奋性，使原来不活跃的突触变得活跃，从而形成新的传导通道。别小看这么一个简单的纽扣，它能四两拨千斤，"撬"动患者的嘴巴。当然，训练之前纽扣一定要记着消毒呀。

就这样训练一月后，小伙子再来复诊，我询问其锻炼的效果，他说已经好多了，刚开始的时候嘴巴根本不会咀嚼，现在他可以独自咀嚼一些松软的食物了。

家里有吞咽困难患者的朋友，不妨也找一枚大小合适的纽扣，陪患者做做这个游戏，以尽最大可能地使他们弱化的吞咽功能机制重新兴奋起来。

偏瘫康复者锻炼的"黄金时段"

偏瘫就是老百姓常说的半身不遂，得了半身不遂，并不意味着从此就失去了自理能力了。目前，随着康复学的发展，很多偏瘫患者在经过系统的康复训练后，原有的功能障碍都能基本恢复。

一般来讲，患者偏瘫后，康复干预进行得越早越好，如缺血性脑血管意外发生后，待病情稳定 2～3 天，就应当及时进行康复锻炼；出血性脑血管疾病则可推迟到病情稳定后的一周，这段时间都是偏瘫康复锻炼的黄金时段。

但是在现实中，许多患者出现偏瘫后情绪非常低落，什么事也不想做，而对于家属来讲，亲人发生意外后，关心还来不及呢，更不会让患者进行活动。有时候，过分的关爱也会影响到亲人的康复，关心则乱嘛。我曾经说过：人体的中枢神经系统在结构上和功能上是具有重组能力的，你看小孩子刚开始的时候并不会拿筷子，是不是跟偏瘫的症状很像？但后期通过训练学习不是也能熟练掌握嘛，人体的各种功能活动就是不用则废，所以出现偏瘫后一定不要躺在床上坐以待毙，要勤加锻炼。

在偏瘫初期，患者的肢体尚处在软弱无力阶段，此时在亲属的帮助下，做以下几种简单易行的锻炼方法，对偏瘫肢体的恢复很有帮助。

"黄金时段"的康复锻炼

环绕洗脸：患者用健手抓住偏瘫手使其手掌伸展，然后在健手的带动下在脸部做模仿洗脸动作，顺时针和逆时针每天各做 2～3 组，每组

10 次。这样做的目的是为了让患者在大脑中形成对偏瘫手的控制意识。因为有一部分中风患者会有"偏身忽略"，也就是忘记掉自己患肢的位置。

半桥运动：患者双上肢伸展后放在身体两边，双下肢取屈髋、屈膝位，可用枕头或由他人将偏瘫侧下肢固定，或将偏瘫侧腿跷于健腿上，然后尽量将臀部上抬使其离开床面，并保持 10 秒钟，重复 5～10 次，注意动作过程中不能屏气。这样做的目的是为了锻炼患者的腰肌力量，为其病愈后站立、转身、行走等打下基础。

跷腿摆动：这个动作其实就是我们生活中常见的"跷二郎腿"，它的做法是，偏瘫侧腿弯曲，并由家属固定，然后将健腿放在偏瘫侧膝盖上，在健腿的带动下向左、右摆动髋部，每组重复 20 次，每天做 2～3 组。这样做的目的主要是为了增加肢体的协调性以及躯干的控制能力，以利于患者以后的行走。

三年前，老家一个乡亲不幸得了偏瘫，下肢左侧丧失行走功能，家里每时每刻都得有个人去照顾他，为此，给原本经济就比较紧张的家庭带来了很大的麻烦。过去一家三口人都可以劳动挣钱，结果这个人现在一偏瘫，还得有个人再照顾他。这样一来一去，变成一人挣钱三人花了，入不敷出。而且他生病期间也花了很多钱。无奈之下，这个乡亲找到了我。

其实，我很早就出来工作，这个乡亲我也不认识，但是每次有老家人打电话找我，我都会非常认真对待。一方面，我知道农民挣钱不容易，二来这份水土之情我着实难忘。于是，我就详详细细地把上面的锻炼方法打印成文稿快递给他，让患者在家人的帮助下进行锻炼。

由于这个人在偏瘫以后很快就进行了锻炼，因此恢复得也比较快，大约三个月后患侧的腿就已经恢复了。虽然走路还是有点不利落，但是自己已经能照顾自己了，而且家里的农活还可以干一些。为此，他们一家三口都非常感激我。

家中出现偏瘫患者的朋友，一定要抓住康复锻炼的黄金时段，鼓励及时进行康复锻炼，这才是真正爱家人的方式。

心跳突然加速试试这些物理疗法

一天，小周在我上班的途中遇到我，跟我说要来医院做心电图，说怀疑自己有心脏病。

我问他具体情况，他说他上午在看比赛的时候突然心跳加速，感觉心脏都要跳出来了。本来当时就想要打120，但心跳过快的感觉持续几分钟后便自行消失了。事过后自己终究还是不放心，所以特意来医院想检查一下。

因为小周之前也并没有心脏病、冠心病，或是高血压什么的，是一位健康壮实的小伙，我认为他心脏出现问题的概率不大。不过，为了让他放心，我还是给他做了一个心电图检查。

结果显示是阵发性室上性心动过速，这是一种很常见的心律失常，平常暴饮暴食、感冒发烧、精神紧张等都会诱发。像小周这个情况，应该就是因为看球赛的时候，情绪激动引起的，没什么大碍。

我对小周说："没什么问题，回去后多休息，多锻炼，注意清淡饮食就可以了。"

小周问我："那要是我再次出现这样的情况该怎么办呢？"

我说："我给你说几种方法，你下次遇见的时候自己试一试。"

心跳放缓的具体方法

屏气法：突然发病的时候，深吸一口气，然后最大限度地憋气，再用力呼气。

呕吐法：压舌板或手指刺激咽喉，诱发呕吐，通过兴奋迷走神经，也可反射性地引起心跳减慢。

压眼球：患者取仰卧位，双目紧闭，家人用拇指轮流压迫双侧眼球上方，逐渐缓慢地增加压力，每次10秒。压迫时间不可太长，用力不应太大，当心跳速度变慢时立刻停止压迫。不过，青光眼、高度近视、眼睛做过手术者禁用此法，老年患者则要慎用此法。

现实生活中心律失常都是有先兆表现的，当你感觉到要出现问题的时候，赶紧选用适合自己的物理治疗进行干预，可以很好地将室上性心动过速控制住。

很多经验不足的医生，常常将阵发性室上性心动过速误诊为窦性心动过速，为患者开出β受体阻滞剂，这样反而会加重患者的病情。其实，这两种心跳的感觉是完全不一样的，阵发性室上性心动过速是在没有任何先兆的情况下，心跳突然加速，又突然终止；而窦性心动过速的特点与之正好相反，它是逐渐发生、逐渐消失的。

对于阵发性室上性心动过速患者来讲，只要不伴有大汗淋漓、面色苍白、心前区疼痛，甚至心力衰竭、休克等严重症状，都可以自己进行物理治疗，方法简单，危险性小，效果也不错。另外要提醒大家一点，如果心跳过快的情况经常发生，或者这种办法控制得不理想，要赶紧去医院看医生，做心电图等相关检查，以免贻误病情或者防止疾病向不好的方向发展。

胸闷气急呼吸难，加强肺功能锻炼

小时候在农村，我见证过许多老人因为支气管炎去世的，在我记忆里他们总是在不停地咳嗽，呼呼地喘着粗气。那时候医疗条件不好，很多老人因为支气管炎影响到终末细支气管而出现肺气肿，导致呼吸衰竭而死。

所以，呼吸系统疾病一直是我的一块心病，一有时间就查阅有关呼吸系统疾病的文献。还别说真是收益不少，发现在国外有许多配合改善肺功能的呼吸锻炼方法。

改善呼吸锻炼法

缩唇呼吸法：患者闭嘴经鼻吸气，缩口唇做吹口哨样缓慢呼气 4 ~ 6 秒，呼气时缩唇大小程度由患者自行选择调整，以能轻轻吹动面前 30 厘米的白纸为度。

腹式呼吸法：取卧位、半卧位或立位，将两手分别放在上腹部和前胸部，嘱患者采取较慢、较深的呼吸，升高腹部达最大隆起。注意吸气时是经鼻吸气，同时舌抬起顶上颚，吸气末稍作停顿，然后缩唇缓慢呼气，并用手适当加压帮助收腹。呼吸期间，保持胸廓部最小活动幅度或不动。

还有一个更简单的方法是就是吹气球，每天用嘴吹气球 40 次。

通过呼吸锻炼能促进肺功能的有效代偿，提高呼吸肌的工作效率，提升换气能力，减轻呼吸困难。

我们知道，不管是肺气肿，还是气管炎，只要是跟肺扯上关系，后期都会出现咳嗽、胸痛、呼吸困难，甚至缺氧，呼吸衰竭等症状，这主要是疾病后期肺部换气功能出现了障碍所致。而通过呼吸功能锻炼，则可以帮助改善患者的通气功能和呼吸肌功能，增加肺通气量，促进吸入气体的均匀分布，从而达到肺功能康复的目的。

可别小看了这些简单的锻炼方法，人体的呼吸器官有着巨大生理功能储备能力，我们平时只需二十分之一的肺呼吸功能便可维持正常生活。可能通过锻炼后只要能获得的一丁点呼吸功能的改善，在生死之间就可以转变为力挽狂澜的救命稻草。

现在环境污染越来越重，呼吸系统疾病也越来越多，特别是老年人成了首当其冲的高发人群，空气质量稍微一变化便会引起肺部的明显不适。所以，平常加强肺功能锻炼更是重中之重。不过，咱们进行呼吸锻炼的时候，一定要选择环境质量好，空气清新的时候。

🐾 牙齿越好越年轻，牙齿越多越长寿 🐾

现实生活中很多老年人看着身体还不错，但一张口，牙齿早已是七零八落了。在普通人眼里，老年人掉牙就像头发会白，耳朵会聋一样，是属于很正常的生理现象。

其实，中国人有些"老掉牙"的观念是不正确的。诚然，随着年龄的衰老，牙龈会自然老化萎缩，对牙槽骨输送营养的能力日趋下降，但这并不是导致牙齿"水土流失"的主要原因，令老年人牙齿脱落的主要原因还是龋齿和牙周病。就比如沙尘暴这个问题，虽然干燥的气候会导致西北地区植被较少，但这并不足以到导致沙尘暴的地步，其根本原因还是人为的环境破坏。

老年人之所以出现掉牙是因为牙龈的老化萎缩给了牙周病可乘之机，让各种细菌及牙结石更容易侵袭牙齿周围的牙龈和牙槽骨，形成慢性牙周炎，牙周炎又反过来加剧牙龈萎缩，加速牙槽骨被吸收，形成恶性循环。

所以，加强牙齿保健，预防牙周病或龋齿是老年人日常锻炼生活中一项不可忽视的内容，下面的叩齿法就是很好的牙齿锻炼。

叩齿保健法

每天早、中、晚各叩齿一百下。做的时候可采取端坐位，神思平稳，上下唇微闭合，将上下牙反复地分开合上，相互叩击出声，注意，叩齿力量以不致引起疼痛为度。这样做对促进牙槽骨及牙骨质新生有良好的效果。

叩齿结束后，将手指伸入口中在牙龈上揉按数十次，每次由后向前，由轻到重，长期坚持可以促进牙龈血液循环，防治牙周疾病。

需要注意的是，如果本身就患有牙周病，牙齿已经开始松动了，那就不可以再做这种保健运动，要赶紧去医院诊疗，并对松动的牙齿进行固定。如果条件许可，可以定期进行口腔健康检查，最好每三个月检查一次。

曾经有一篇报道讲一名长寿老人年纪很大了还拥有一口好牙，其缘由就是老人在世的时候有叩齿的习惯，别人晚上都是倒头便睡，他则先正襟危坐，叩齿一百下才睡去。就是这个习惯才让他活到九十多岁，还能嚼动硬面馍，实在是令人称奇。

如果你从年轻的时候就坚持这个习惯，我相信你在步入老年后还会拥有一口健康的牙齿，吃什么都不用怕嚼不动。

下蹲防头晕还真灵

有位高中生来找我看病，原来，她一直蹲在操场边上玩手机，玩得非常入迷。后来，有个同学叫她的名字，她猛地一站起来，顿时头上就冒金星，然后感觉天旋地转，身体不由控制，然后眼前一黑，晕倒在地上。同学一看，赶紧把她扶起来。过了几秒，她又恢复了知觉。

我告诉她这是一种正常现象，部分人在身体下蹲一阵后，猛然站立时会出现头晕，眼冒金星，甚至晕倒的现象，这是由于身体屈位瞬间抬高后，血液不能及时供给到大脑，导致脑部暂时缺血缺氧而引起的。

她说："我知道，但是我比其他人的更频繁，家人担心我有贫血，所以让我来医院看看。"

随后，我让她做了心电图和血常规检查，检查结果并没有提示有什么问题。

现在还有很多人把这种情况归结于贫血或营养不良，我看未必。就目前的生活水平，只要不是自己刻意节食减肥，一般不会发生营养不良的情况。

于是我说："先别急，我先给你做个实验。"

我让她再次蹲下，这次缓慢站起，然后继续蹲下，在自己的承受范围内逐渐加快站起的动作。最后，在一连做了十个后，我让她试试看再下蹲2分钟后猛然站起来会不会出现头晕现象。

她按着刚才晕倒时的速度试了一下，站起来看看四周惊奇地说："唉，这次眼不花了，头也不晕了。"

我对她说："看，这跟贫血没关系吧，这主要是你平时缺乏锻炼，心脏活力较弱，血液输送不上去。就我刚才教你的动作，没事多练练就不会出现这种情况了。"

人的心脏就像是一个"水压增压泵"，有了这个泵才能保证血能输送到头顶。如果泵的功率太小，血液压力不够就输送不上去。所以，平日体质较弱，下蹲后站起时特别容易出现眼花头晕现象的朋友们，不妨也练练下蹲训练，强壮一下自己的心脏活力。

下蹲训练法

身体全蹲，蹲下后停1～2秒缓慢站起来，每次连续做三十次以上，每天练习2～3次。下蹲程度和站起速度应根据个人的体质量力而行，由慢到快，逐步到位。

老年人可以半蹲，或在开始时只略做屈膝状，逐渐加大下蹲深度。

相信大家只要持之以恒，就可以锻炼出一颗强大的心脏，哪里供血不足，心脏就会加足马力，迅速把血液输送过去。

锻炼延长癌症患者的寿命

这是我经历的一个真实的病例。姜女士是 2007 年确诊为胃癌晚期的，当时是在市级医院做的胃切除手术，但术后第二年，癌细胞出现扩散，于 2009 年 10 月底住入我院。

我第一次见到姜女士，她的情况就已经十分糟糕了，一个 50 多岁的女性体重只有 70 多斤。最重要的是，她进食困难，导致身体极度虚弱。在肿瘤科住院病房，科主任第一时间召集专家进行了会诊。鉴于姜女士的癌细胞已在全身广泛扩散再加上她岌岌可危的身体状态，最后专家们会诊的意见是保守治疗，而另一层意思则是，医生已经无力回天，尽可能让患者安度剩下的时间。

像姜女士这种情况，化疗什么的我们当然可以继续做，但是一个医生面对的不是疾病，而是病人。一层秋雨一层凉，姜女士的身体状态，已经经不起几次化疗了。这个时候，我们该考虑的或许不是该如何治疗，而是该如何提高患者的生命质量，让一个长期遭受身体疼痛折磨的病人高高兴兴、了无遗憾地过完剩下的日子，让患者在精神上得到满足，才是最有意义的。

鉴于此，我建议姜女士的家属为她办了出院手续，而我也配合家属给姜女士说了一个善意的谎言，告诉她这次不是什么大问题，只是老症状不甘心想反弹，回家用几天药压制一下就行了。

临行前，我教给姜女士一套锻炼方法，并对她说，得了癌症并不是什么吓人的事，只要你保持一个积极向上的生活态度，平日勤锻炼，增强自身免疫力，树立战胜疾病的信心和勇气，一样可以快乐的生活。

具体锻炼方法

1. 自然呼吸，全身放松，然后逐步使身体越挺越直，头尽量向上顶。患者在进行这个动作锻炼的时候应注意不要憋气。保持身体挺直的状态后全身逐渐放松。在放松的时候，双目微闭或闭合，自然呼吸，放松的时间不限。重复这一动作5～8次。

2. 手掌和手指放松，然后将手掌和手指都逐渐张开、握紧，连续握紧一会儿后再逐渐放松，然后再将手掌逐渐握紧，连续握紧一会儿后逐渐放松，重复这一动作5～8次。

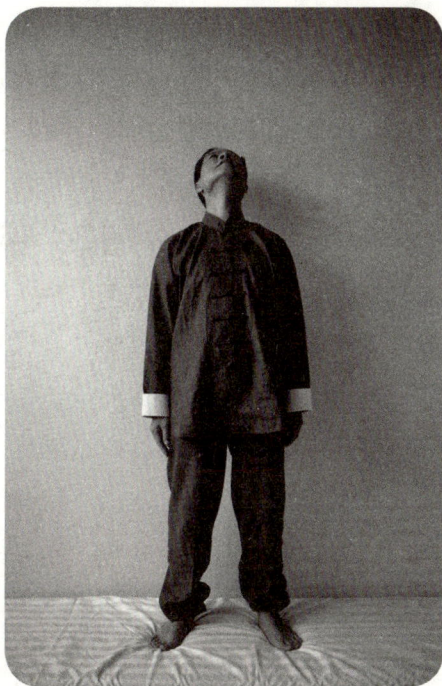

3. 脚趾放松，将脚趾逐渐张开、张紧，持续一会儿后逐渐放松，重复这一动作5～8次。

4. 自然呼吸，全身放松，然后逐渐将牙咬紧，连续咬紧一会儿后逐渐放松，重复这一动作5～8次。

5. 自然呼吸，全身放松，然后逐渐将会阴部稍向内提紧，逐渐放松，再逐渐将会阴部稍向内提紧，逐渐放松，重复这一动作5～8次。

6. 自然呼吸，全身放松，然后稍用意去体验轻轻呼吸的时候整个身体静逸舒适的感觉。

这套动作可以对全身经络和筋骨等组织进行适度的牵拉，对改善身体状况、提高机体免疫力很有帮助。而且患者做这套动作的时候，站立、平坐、仰卧都可以，每个人都可以视自己的身体状态而定，而且动作幅度都不大，非常适合癌症后身体虚弱的病人用来循序渐进恢复体力。

2011 年 2 月初，姜女士再次住进了我们的医院，并于三日后安然辞世。虽然姜女士这次未能摆脱死神，但我没想到的是，姜女士将自己的生命期限整整延长了一年多，要知道当时专家们预估的存活时间是不足三个月。在和她儿子的交流中我得知，这一年他把工作辞了专心在家照顾母亲，每周都开着车去母亲没去过的地方，正是这样欢乐的时光催生了姜女士强烈的求生欲，不但按时吃药，而且每天都坚持做我教给她的锻炼方法，有一段时间身体素质还真提高了不少，就这样姜女士通过自己的努力使生命得到了延长。

俗话说，流水不腐，户枢不蠹。癌症患者经过临床综合治疗以后，参加适当的功能锻炼，有助于增强体质，提高免疫力。功能锻炼不仅可以改善心肺功能和消化功能，还能改善神经系统功能状态，提高机体对外界刺激的适应能力，无形中延长了那些在死亡边缘挣扎的癌症患者们的寿命。

"左右手互拍法"告别心悸

小侯是一位刚毕业的大学生，一天上午我正在出门诊，他火急火燎地跑来找到我说："医生，你快给我看看吧，我最近总感觉心慌胸闷，有时候都能感觉到自己的心跳很快，感觉心脏都快从嗓子眼里跳出来了，我是不是有'心脏病'啊？"

我听后给他做了简单的查体，并让他去做了 X 线和心电图检查，结果都显示很正常。最终确诊他这是以心血管症状为主的功能失调引起的心悸。

心悸是指患者自觉心中悸动，甚至不能自主的一类症状，发生时，患者自觉心跳快而强，并伴有心前区不适感，往往会主观地认为是心脏病。

然后我对他说："你别大惊小怪了，没有什么心脏病，而是因为你生活习惯等原因引起的心悸。"

他听后长舒一口气说:"没事就好,那你给我治治吧,这经常心慌胸闷的也不是个事啊,每次坐下来工作一会儿,就受不了了。"

然后我教给他了一个方法,叫作"左右手互拍法"。

左右手互拍法

以右手掌拍左臂内、外侧,以左手掌拍右手臂内、外侧,轮流互拍,时间约数分钟。

可能一说到这个,大家都会想起金庸武侠小说中的一种武功"左右互搏术",就是左右手臂互相打斗,它是周伯通独自困在孤岛上时自创的,自从他这样练习后,身体强健,武功精进。这并不是没有科学依据的,这样做能够疏通身体的经络,进而达到强身健体的作用。我所说的"左右手互拍法"也是同样的道理。

手厥阴心包经上有 9 个穴位,这条经脉直接关系着心脏的健康,此经脉不通畅,就会出现心悸、胸闷的症状。另外,过度劳累,体力活动

过少，循环系统缺乏适当锻炼，以致稍有活动或少许劳累即不能适应，因而产生过度的心血管反应也会引发心悸。

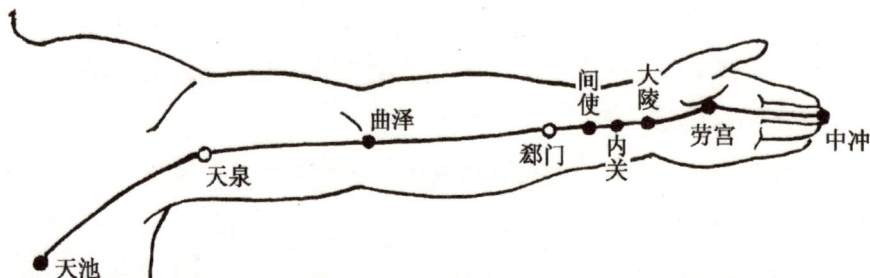

拍打手臂就能对上面的穴位进行按摩，经常这样锻炼可以疏通经络，促进血液循环，进而强健心脏的功能，达到治愈心悸的效果。

现在的工作生活节奏非常快，特别是大城市的人，每天都处于精神高度集中的状态，就连挤个公交车，过个马路都很费劲，面对如此大的压力，人们很容易出现心悸胸闷的情况。

该病虽没有生命之虞，但病情时好时坏，迁延不愈，严重者甚至不能正常生活和工作，使患者饱受痛苦。

上边所说的方法治疗心悸不仅疗效独特，而且做起来也很方便，上班闲暇之时，或者是茶饭之余都可以进行锻炼。同时可以为大家节省一笔医药费，甚至还免了吃药之"苦"。

但是还要注意，平时应保持心情开朗，情绪稳定，避免过度兴奋和忧伤。另外，要记得晚上不要看紧张或有刺激性电影或电视，宜早睡，不宜熬夜，对有失眠者，应服适量的镇静剂，保证大脑皮层得到充分的休息。这样配合"左右手互拍法"的锻炼效果会事半功倍。

"拉筋"就能拉长寿命

人一步入老年，就会出现"人老筋缩"的情况，全身的筋缩短了，浑身就会变得僵硬不自在，气血循环不良，进而新陈代谢变缓，容易引起其他的疾病。这里的重点就在于新陈代谢过慢，老年人出现这种情况是难免的，但是我们得想办法去调整，不能坐以待毙。

秦大爷刚从机关单位退休没几年，这身体就大不如以前了，去年找到我说："我总感觉自己的身体在慢慢地发胖，做什么事情都觉着累，人家都说'千金难买老来瘦'，我这怎么成老来胖了，是不是得什么病了？"

我听后问他："最近有没有什么症状？"

他忙说："症状倒也没什么，就是现在身体虚胖，三四天才大便一次，而且还很艰难。"

然后我让他做了个全身的体检，结果显示除了有轻微的脂肪肝、体重超标外，也没什么其他的大问题。最终我确定他这是身体机能老化，新陈代谢过慢引起的。

新陈代谢就是生物体与外界环境之间的物质和能量交换以及生物体内物质和能量的转变过程。过快或过慢都是不健康的，过快的话可能会加快衰老的速度，而如果过慢，就会使身体内的毒素淤积，百病丛生。

秦大爷只是刚出现这个情况，身体虽然有脂肪堆积，还没有引起其他严重的疾病，我就给他说了一个叫作"拉筋"运动的锻炼方法，让他回去后坚持锻炼。

拉筋锻炼法

这个方法主要分五个部位的锻炼，具体做法是：

拉腹筋： 在床上或软垫上跪下，让脚背贴在床上或软垫上，然后将两脚后跟往左右两侧拉开，再使臀部落下，坐在床上或垫上，然后让身体慢慢向后仰。先使头部碰到床上或垫上，然后背部慢慢躺下去，面部朝天，背部贴紧

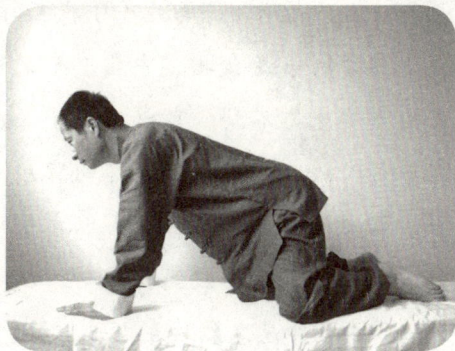

床上或垫上，保持60秒再起身。这个动作常导致脚筋的酸痛，宜忍耐。做久了酸痛会减轻，使人不至于忍受不了。

拉背筋：分为两种拉法。第一种，在床上或垫上先伸直两腿，然后再以额头碰膝盖，至少碰10下。练时两腿要尽量伸直，尽量不要使膝盖向上弓起。第二种，坐在床上或垫上，使两脚交叉，掌面向上，两脚小趾并拢，然后以额头碰脚大拇趾，至少碰30下。刚开始较难碰到，练久了就会碰到。

拉腿筋：拉腿筋又叫作"劈腿"，它的动作是让两腿往左右两侧劈开。刚开始时，臀部距离床面或垫面很高，但只要不灰心，持之以恒，有一天臀部就可以贴紧床面或垫面，使两腿成为一直线，当然做这个动作要小心缓慢。

拉手筋：先以左手掌背贴住脊背，掌心向外，手指朝上。然后再以右手手指从右肩向下伸，与左手手指互勾。至少要用两手的食指、中指、无名指互勾。起先勾不到，可以用绳子做成绳环帮忙。以右手握着绳环向背后垂下，让左手的手指勾住，再以右手用力向上拉高，手筋酸痛要忍耐，拉数分钟再放开休息。然后左右手交换。

拉颈筋：站立、两脚与肩同宽，然后使身体慢慢向右侧弯，必须弯到右耳孔朝向地面，接着使身体慢慢向左侧弯，也弯到左耳孔朝向地面，如此一左一右，一直连续做，至少3分钟，大概可以做120下。

秦大爷通过三个多月的锻炼，现在身体慢慢瘦下来了，而且大小便也都正常了，这正说明秦大爷的气血循环、新陈代谢步入了正常的轨道。

上边说的这些动作，基本上都是很容易就能完成的，当然也不乏有一些难的动作，比如说拉腿筋的劈腿练习，老年人肢体僵硬，骨骼老化，做起来一定要谨慎，一定要根据自身的情况来做，不能太过勉强，其实锻炼的效果不会有太大差别。

随着年龄的增长人身体的各项机能都会逐渐变弱，运动少的老人，有的时候吃几口饭都感觉堵得慌，肚子胀得老高，排便也少，毒气都存在了身体里，这些都是新陈代谢慢的后果，是老年人的通病。

我想大家身边不乏这样的老年人，请告诉他们这个"拉筋"的锻炼方法吧，别让他们成了"药葫芦"。

"耳功"治疗耳鸣

我们认识的这个物质世界，有时候不是用眼睛来看的，而是用耳朵来听的，听觉是人们追求美好的重要渠道。然而有一种病会让人的听觉严重下降，甚至丧失，它就是耳鸣，这个病往往伴随着耳聋的出现，深深折磨着广大患者，特别是上年纪的人。

老王刚刚年过半百，就出现了这个毛病。去年来医院找我说："我的耳朵最近总是听到奇怪的声音，刚开始我没在意，过了几天才意识到问题的严重性，现在别人说话都听不清楚了，你给我看看吧。"

通过他的描述，我的初步判断为耳鸣，但医学是严格精准的，容不得半点马虎。我让他去做了头部 CT 和头部 MRI 检查，结果显示它的头部没有其他的病变，老王所患的病就是原发性的耳鸣。

这个病是中老年人的常见病，主要治疗方法有药物和手术的方法，其中药物主要是西药，对身体的损害比较大，会影响或破坏身体各项机能的正常运作，而手术本身又可能会造成耳鸣，而且手术的治疗效果也不是很理想。

考虑到这些情况，最合适的治疗方法就是靠自己锻炼，平时多注意身体的锻炼，比如打太极拳，但更重要的就是"耳功"，它对耳鸣耳聋的治疗效果很好。

"耳功"锻炼法

双手对搓，用搓热的两手心搓揉耳郭 9～18 次；两手交替经头顶拉扯对侧耳郭上部 9～18 次；用两手大鱼际压在耳屏处堵塞耳道，然后突然放开，如此按放反复 9 次；

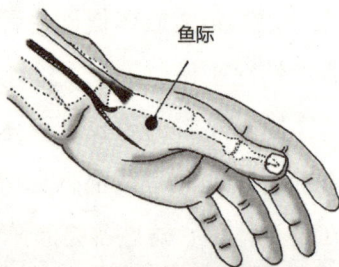

鱼际

　　两手鱼际堵住耳道，手指自然位于后脑枕部，此时用食指稍稍用力按压中指并顺势滑下弹击后脑枕部 24 次，可听到"咚咚"的声响。

　　当时我给老王说的就是这个方法，他坚持做了三个月后，耳鸣就好了。

　　耳鸣是指人们在没有任何外界刺激条件下所产生的异常声音感觉，常常是耳聋的先兆。严重的耳鸣常影响休息、学习和工作，使患者感到非常苦恼，甚至厌世。长期耳鸣会使人产生心烦意乱、担心、忧虑、焦急、抑郁等情绪变化。

　　有的人宁愿耳聋也不要耳鸣，可见这种痛苦是达到了难以忍受的程度，就像是有一只苍蝇一直在你耳边，这种感觉谁能受得了。

　　在当下这个快节奏的生活中，我们一定要注意工作和娱乐的劳逸结合，不要过度疲劳，特别是那些工作压力大的人，一定要学会自我调节。生活中可能会遇到一些挫折和一些大喜大悲的事，虽然我们不能控制事情的发生，但是我们能够控制住自己的情绪，尽量做到"不以物喜，不以己悲"。

　　尽管我们预防工作做得再好，还是会有相当一部分人避免不了此病的发生。一般的耳鸣患者都会采取吃药的办法，进而带来巨大经济压力，如果不被家庭成员所理解，还会影响家庭和睦，得不偿失。我给大家说的这种"耳功"的锻炼方法，不仅效果显著，而且还能为患者节省一笔医药费，为什么不早开始呢？

对症的瑜伽练习，告别痛风的折磨

痛风是目前一种极普通的毛病，患者多为男性，是身体制造了过多的尿酸导致的。尿酸结晶会落在关节处并使之发炎，疼痛非常剧烈。

在很多人的意识里，痛风是一个很难治愈的疾病。一个初次被医生诊断为痛风的人，一定会非常沮丧，不曾想自己居然染上了一个不明原因、也没药可治的病，虽然要不了命，但痛起来比要人命还难受。最糟糕的是想到这个病将和自己共度余生，心情的低落可想而知。

其实，这个病没有那么可怕，患者也不用那么悲观。痛风的患者多数都有肠胃的问题，肠胃的问题会导致心包积液过多，进而使心脏泵血的能力低弱，血液无法送到处于微血管末梢的关节，造成关节部位"垃圾"的堆积，这些"垃圾"就是引起疼痛的尿酸结晶。

明白了痛风的原因，治起来就不难。由于这种病痛起来就要命，因此，缓解疼痛的方法非常重要。疼痛发作时尿酸结晶已经存在关节里，要缓解疼痛，首先就是要将其排出，至少使之离开原来的位置，这就要靠锻炼了。

瑜伽动作训练

具体的锻炼方法是一个对症设计的瑜伽动作：①开始时俯卧，双臂向后伸展。②呼气，屈起双膝，两脚脚跟指向髋部。③右手抓住右脚板或右踝，左手抓住左脚板或左踝。④放松约两次呼吸之久，然后呼气，抬起你的头和胸部上半部。让头和胸部上半部都离开床面。⑤向上仰望。转动两手，让两手掌将两脚脚趾和脚掌上半部都向下压，而两手手指都指向头部或地下。⑥然后，尽量将两脚向下压，使前臂垂直地面。⑦熟练的练习瑜伽者会做到使两脚跟几乎触及床面。⑧正常地呼吸。⑨保持这个姿势约20秒钟之久。⑩然后呼气，放开双脚，伸直两腿，放松休息。

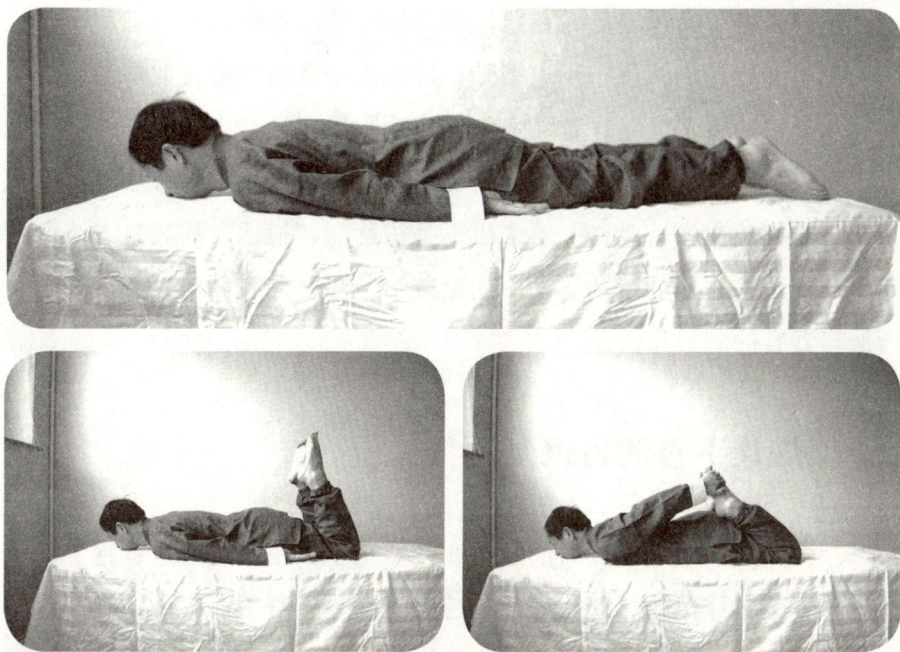

当然，这套方法对于没有瑜伽基础的人来说，做起来确实有点难度。其实，大家只要尽力而为，坚持锻炼，动作的标准度不用太讲究，治病的效果是一样的。

小马以前是一位建筑工人，他本来肠胃就不好，由于长时间从事体力劳动，饮食不规律，最终患上了痛风。

前年，他来找我看病时说："医生，我现在浑身都疼，特别是膝关节和脚趾头疼得最厉害，你给我看看是得什么大病了吧？"

我听后让他去做了膝关节和脚部的 X 线检查，同时让他去化验了血和尿，经过综合分析确定他是患了痛风。

考虑到现在治疗痛风所用的药物，几乎全是化学药剂，用起来是有一定效果，但是对于身体的伤害也比较大，不宜多吃，我就给他推荐了上边的锻炼方法。

经过两年的锻炼，现在他的痛风痊愈了，他来复查时对我说："你说这锻炼方法真是好，现在我全身上下都不疼了，又可以去干活挣钱了。"

很多人得了痛风之后，在急性期疼痛比较严重时不宜锻炼，而到了缓解期也变得谨小慎微，不敢锻炼，这其实是对痛风康复锻炼的一个误解，如果长期缺乏锻炼，痛风只会变得更严重。

所以，不幸患了痛风的人一定要注意锻炼，当然选对方法更重要。上边的这套瑜伽锻炼动作，本来也不是很剧烈，很适合痛风患者练习。它不仅能治病，还能使药物的服用量减半，甚至摆脱用药，减少药物对胃肠等器官的刺激和伤害。

锻炼让下垂的胃恢复原位

"大夫，我最近一段时间饭量变得特别小，稍微吃一点就饱了，而且这种饱是饱胀的饱，产生的压迫感让胃部很不舒服。另外，我在商场做营业员，中午休息时间很短，吃完饭就要急忙往公司赶，但是因为胃不舒服，走路一快就感觉胃往下坠。"面前这位体型消瘦的姑娘一边揉着自己的肚子，一边绘声绘色地讲着自己的病情。

我示意她把上衣稍微撩起来，露出腹部以便让我检查。经过观察，我发现她肚脐下边的小肚有稍微隆起，而肚脐上面的位置却有所凹陷。

看到此种情形，我皱起了眉头问道："你刚吃过东西？"

她回答说："嗯，是的。我平常吃午饭都比较晚，来医院之前刚吃一碗面。"

正常情况下，胃的最低点不应超过脐下2个横指，患者刚吃过饭，应该肚脐上方会有隆起，而现在隆起部位却跑到了肚脐下面，这就是证明胃的位置下降了。第二天，我又让她空腹做了个X线钡餐造影检查，最终确诊为"胃下垂"。

胃下垂是指人站立位时胃位置下降，胃小弯最低点在髂嵴水平连线以下。正常人的胃在腹腔左上方，其位置比较固定，这对维持胃的正常功能有一定作用。如果胃的位置下降，胃壁的肌张力减低，就会造成胃的排空时间延长，胃内食物滞留发酵引起胃炎，所以这个姑娘吃过饭后会出现不舒服的饱胀感。

我对她说："胃要想保持相对固定的位置，有两个因素很重要，一个是胃周围韧带的力量，另一个是胃壁的张力。如果这两个力小于胃的重力，胃就会沉下来。而通过锻炼便可使腹部肌肉保持一定的张力，对治疗胃下垂效果很好。"

她听了疑惑地问："胃既然已经下沉了，再运动岂不是更严重？"

我说："当然，像跑步、跳远这样的剧烈运动是不适宜的。对于能够治病的运动方式是需要讲技巧的，这就该发挥医生的作用了。"

于是，我告诉了她一套适合胃下垂病人的锻炼办法。

胃下垂恢复锻炼法

挺身运动：取仰卧位，头枕枕头，两腿弯曲，足跟尽量靠近腿部，髋部尽量挺起呈半桥型，维持一定时间，然后还原休息，再做，总时间应有3～5分钟。

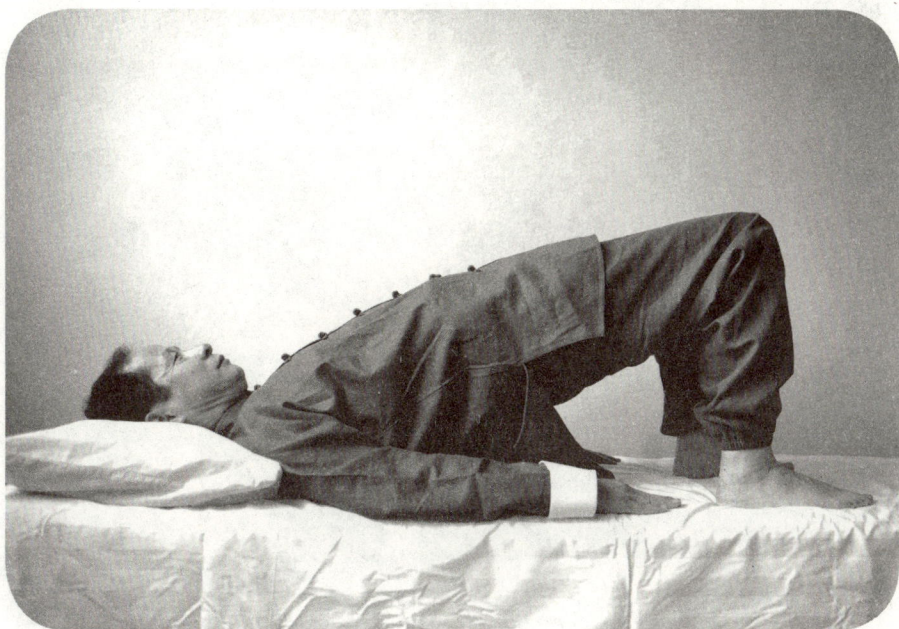

举腿运动：取仰卧位，两腿并拢，直腿举起，悬在离床 20 ~ 30 厘米高处停止不动，抬腿约 10 秒钟，然后还原再做第二次。

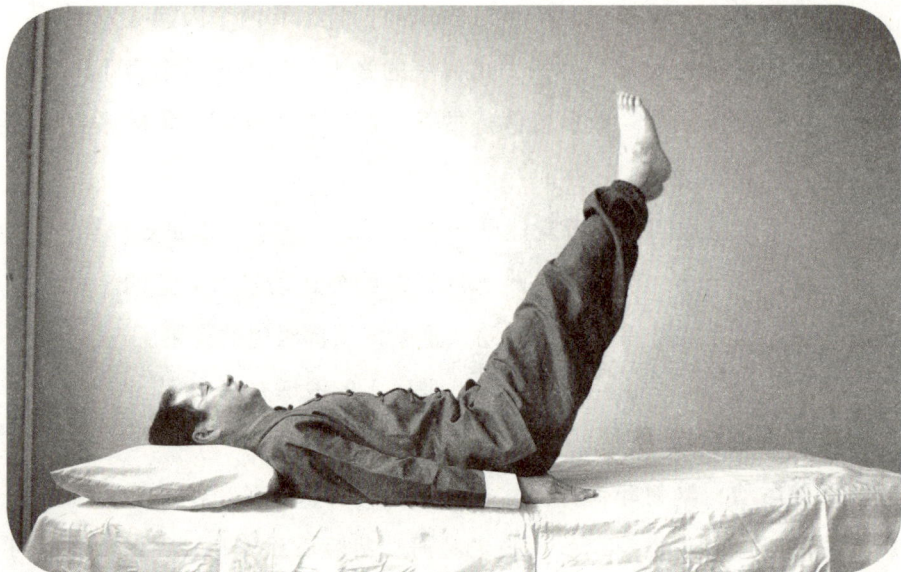

摆腿运动：取仰卧位，两腿并拢，直腿举起，在离床 20 ~ 30 厘米高处停止不动，再慢慢地向两侧来回摆动。

背部运动：取俯卧位，体后屈，反复多次。

腹部运动：取仰卧位，两臂前举，收腹。上体尽量抬起，同时两腿伸直尽量举高，停 20 秒钟后还原。

仰卧起坐：取仰卧位，下肢不动，收腹，坐直，然后上体从坐位还原成仰卧。

这套简便易行的锻炼方法可以加强腹壁肌肉的力量和胃肠肌肉的紧张度，对帮助胃回到原来的位置很有帮助。一个月后，这个姑娘找我复查，发现胃已经恢复原位了。

其实，人体脏器都有自己特有的位置，只有各安其位，方能各得其所。那些患有慢性消耗性疾病或久卧少动的朋友，腹部肌肉张力往往不足，胃、肝等部位韧带松弛，导致脏器下降，所以大家工作之余不妨做一下这套锻炼，每天五分钟就可以让脏器各就其位。

老慢支病人的缩唇腹式呼吸法

老慢支是老年人慢性支气管炎的简称。很多老慢支患者，一入隆冬就陷入痛苦的深渊，开始不停地咳嗽、咳痰、呼吸短促。在我国，40岁以上超过百分之八的人都在忍受着老慢支的折磨。并且，年龄越大，发病率也越高。

张大爷以前就是我的"老朋友"，天一见凉，他准拄着拐棍，喘着粗气找我报到。每当看见这情形，我便知道他是老慢支又犯了。

咳、痰、喘是老慢支的三大临床表现，每次张大爷犯病的时候，一家人就不得安宁，常常早晨起来便开始咳嗽吐痰，一咳就是一天，有时候因为痰液过多堵塞气管而造成呼吸急促，喘不过气，憋得他脸红脖子粗，吓得他老伴真怕他这一口气上不来。

每当这个时候，我就会给他开一点支气管扩张剂和祛痰药来应对一下。虽然，我知道这些常规药物只能解一时之困，天气一变，老慢支还会如期而至。但是，呼吸系统疾病一直是医学界的难题。对于反复发作，迁延不愈的老慢支，医生们能做的更是有限，无非是开一点缓解呼吸困难症状和对症治疗的药物。

后来，我在阅读国外一本医学期刊的时候，无意间读到了一篇关于老慢支患者进行肺部功能锻炼可以减少用药，缓解疾病的论文。文章的中心思想是利用缩唇腹式呼吸法来增强呼吸肌的肌力和耐力，通过增强膈肌活动来提高肺活量，预防呼吸肌疲劳和通气衰竭的发生。

一年冬天，张大爷又来找我开扩张气管的气雾剂。我便告诉他，让他试一下这个缩唇腹式呼吸法。

缩唇腹式呼吸锻炼法

采取立位、坐位或卧位等不同体位。先将全身放松，均匀呼吸 3 分钟，然后将一手放在前胸，另一手放在腹部，开始缩唇，收腹、胸部前倾，由口徐徐呼气，不要用力，呼气完毕用鼻孔吸气，并尽量挺腹，胸部不动。这种呼与吸的时间比为 2 比 1 或 3 比 1，每分钟 8 ～ 10 次左右，每日锻炼两次，每次 10 ～ 20 分钟。

熟练后还可在此基础上进行全身性呼吸锻炼，即腹式呼吸和扩胸、弯腰、下蹲等动作结合在一起，进一步改善肺功能、增强体力。

没想到，在药物治疗的基础上每天进行功能锻炼的治疗方案非常有效。今年冬天，他找我开药的时间足足推迟了 2 个月，而且药也比之前减少了一半。

在国外，不管是医生还是患者都十分注重功能锻炼，他们认为疾病的治疗是医患双方共同努力的结果，药物只是一个途径，而更为有效的功能锻炼需要患者亲力亲为。但在我国，很多医生在学习国外医疗知识的时候，只学习到了如何运用药物治病，却没有领悟到后半部分的"运动处方"，这令人十分惋惜，也加重了患者的用药剂量和经济负担。本文我推荐的"缩唇腹式呼吸法"就是国外配合老慢支治疗的功能锻炼方法，操作简单，能有效达到提高肺活量，改善气体交换的目的。我相信只要老慢支患者长期坚持锻炼，久而久之呼吸困难症状定会得以缓解。

揉膝就是在吃抗衰老药

生老病死是不可抗拒的自然规律，人人都会有这一天，迟早而已。

古往今来，无论是帝王将相，英雄豪杰，还是平民百姓，凡夫俗子都无法避免。因此，人们对待衰老死亡，经常只能顺应自然，视死如归。每个人就像是天地江河、沧海桑田中的一滴水，最终都要回归大海。尽管如此，虽然我们没法违背自然规律，但是我们可以采取措施来提高身体的机能，延缓衰老，给自己的青春多留一些时间。

我给大家推荐一个方法，很简单，经常揉膝就有抗衰老的功效。

揉膝抗老法

将两手心搓热，捂于两膝盖前侧，同时揉两膝关节各100次，然后可以点揉足三里穴100次。

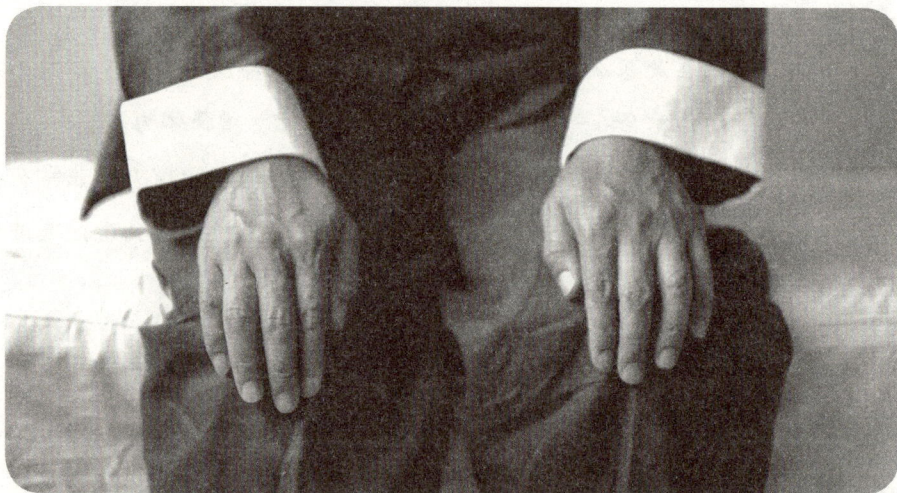

我的一位叔叔就经常按照这个方法锻炼，现在已经七十多岁了身体还是很棒。那是一次我回老家探亲，到叔叔家坐了一会儿，在我询问他近来的身体状况时，他对我说："这两年总是腿疼、膝盖疼，感觉浑身无力，可能是老了都会出现这种情况，看来我是活不久了。"

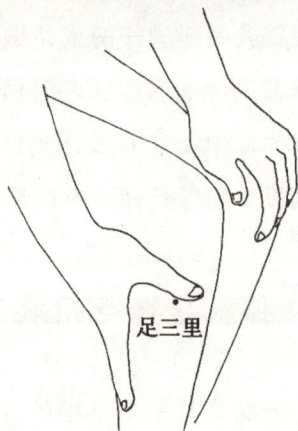

足三里

我听后，对他说："您可千万别这么想，这只是小毛病，身体的器官慢慢老化引起的，还是有办法解决的。"

他听后忙问我有没有办法，我就给他说了上边的方法，他坚持此方法到现在，身体很好就缘于此。

俗话说"人老腿先老"，说的是一进入老年，腿脚的行动就会不利索，就会发软无力，就会较上肢等运动器官早衰，因而，有人叹气说："嘿！岁月不饶人，人老腿先知。"

腿是人体中主要承受重量的肢体，腿中有人体最大最长且最结实的关节和骨骼，它们能够一次连续几个小时承受比人的体重大几倍的压力，人在年轻的时候，大腿骨可以支撑一辆小汽车，结实的骨骼可以使我们跳上台阶。而膝关节属人之八虚，《灵枢》有云"人有八虚，……以候五脏，……凡此八虚者，皆机关之室，真气之所过也，血络之所游……"说明膝关节是支撑人体的十分重要的部分。人们随着年龄增大，如果腿部活动减少，腿部骨骼中有"钢筋"之称的钙脱失的速度就会加快，膝关节也会"生锈"，进而加快衰老的速度。

衰老是人们都不想看到的，延缓衰老、留驻青春魅力是人们，特别是女人千百年来永恒的梦想。嫦娥奔月、不老丹、人参果的历史传说，都寄托了人们无限的遐想与幽思。其实，这并不是无稽之谈，健康长寿，40% 是客观因素，60% 靠自己主观努力，关键在自己。

年龄大而腿脚好的人，做事干脆利索，看起来总是容光焕发，精神抖擞的。年龄的问题好像永远也影响不了他们的"青春气息"。坚持上边所说的"揉膝"锻炼法，可以使你的腿部关节无形之中得到锻炼，关节好，自然整个腿就好，腿好自然"青春永驻"。

最后告诉大家，在"揉膝"锻炼的同时要多走动，散散步、揉揉膝效果会更好。另外，可以吃一些健康的食物，如番茄、菠菜、坚果，它们可以满足人体对多种维生素和矿物质的需要。

放松呼吸肌，哮喘患者自由呼吸

医学上有句话叫"外科不治癣，内科不治喘"，哮喘病一直是医学界的老大难。哮喘病最让人头痛的就是发病急、病情重，一发病就呼吸急促，喘不过气，直接威胁生命。所以，哮喘患者不管走到哪里都要随身携带应急药物。

刘女士的小孩已经患哮喘三四年了，孩子四岁的时候第一次出现哮喘，之后每年都会有几次复发，复发的时候孩子口唇青紫、胸闷气短，浑身直冒冷汗，非常痛苦。如今，眼瞅着孩子到了上小学的年龄，李女士非常担心，万一孩子发病的时候，身边没人照顾，那可怎么办。

我了解了她的苦恼后劝导说："不要以为把孩子关在家里就可以减少哮喘的发作次数，这是因噎废食。为什么有些孩子抗过敏能力强，有些孩子抗过敏能力弱，这除了遗传因素外，体质因素也占了很大比例。很多家长害怕让孩子运动，这其实是错误的。只要找到适合哮喘患者运动的方式，循序渐进，就可以增强孩子的抗过敏能力。为什么小孩之前哮喘，但随着年龄的增长就自然消失，其实就是身体抵抗力增强了。"

刘女士听了我的一番论述，点点头说："听了你的话，我有点茅塞顿开了。我以前就是怕孩子犯病，这也不让做，那也不让做，把他当成了家里的瓷器。"

刘女士想了想，又问："那什么才是适合孩子的运动方法呢？"

我说："哮喘不是因为支气管痉挛性收缩，呼吸道狭窄嘛。那咱就做呼吸运动，帮助帮助放松辅助呼吸肌，恢复腹式呼吸模式。"

放松呼吸肌锻炼

首先，扩张胸廓，松弛胸廓肌肉。取站立位或坐位，两手在腰后交叉握住。吸气，尽量将两肩后伸，保持数秒。然后呼气，还原，肌肉放松。

其次，促进肩部的辅助呼吸肌放松。取站立位或坐位，两手自然放在丹田处（肚脐下 1.5 寸）。吸气，两肩缓缓上抬至最大限度。呼气，两肩逐步放松，争取肩部尽量下垂，在呼气末段用手加压腹部，帮助残气排出。

最后，放松颈部的辅助呼吸肌。取站立位或坐位，两手自然下垂，头自然伸直。吸气，头尽量向后伸；呼气，还原；吸气，头尽量向前屈；呼气，还原。

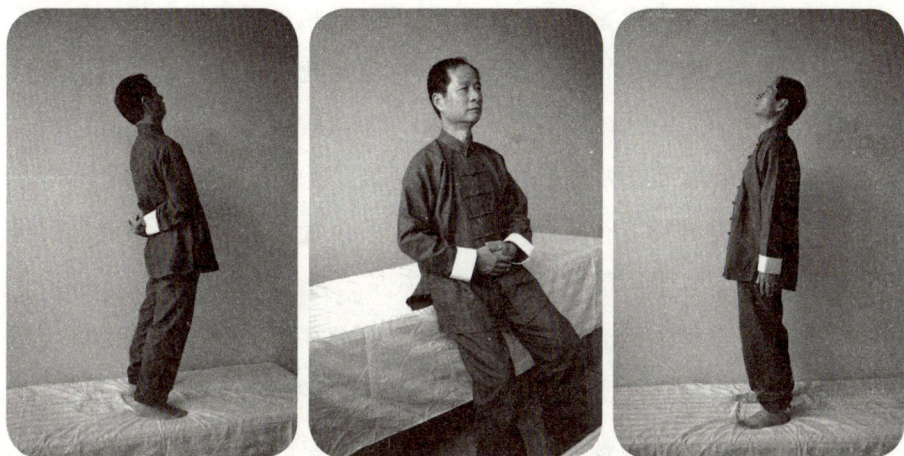

注意每次伸屈动作时要活动到最大限度，使肌肉充分拉伸，而还原动作时注意使刚才运动的肌肉充分放松。

我说："这套运动主要是针对呼吸功能锻炼。平常也可以配合散散步、打打乒乓球，做一些慢节奏的有氧运动。"

刘女士也是爱子心切，回去后每天手把手地指导孩子做运动。如今，她的孩子已经上小学二年级了，去年一年孩子哮喘没再复发。

其实，治疗哮喘的上兵之策不是用药物去抑制，而是用锻炼来控制。从临床效果来看，在药物治疗的基础上配合长期不懈的功能锻炼，能够使绝大多数患者哮喘症状得到理想的控制，减少复发乃至不发作，与正常人一样生活、工作和学习。

鼓荡两胁恢复肝功

不少人对乙肝都心存恐惧，认为乙肝是不死的癌症，得了之后这辈子也就完了。更有甚者，一些悲观的乙肝患者曾在病房问我："医生，我得了这病还能活几天？"

在此，我首先向大家讲明一点，得了乙肝和患了感冒一样，都是人体脏器感染了病毒，感冒虽小若处理不当也可死人，所以问能活多久是没有任何意义的，关键在治疗，只要积极配合医生治疗，注意生活方式，恢复肝功能，就算是一辈子携带着乙肝病毒，也能开心地生活到老。

有一年世界肝炎日，我随医生团队到一个社区义诊。期间我见到了一个三十多岁的男子，是外地来的务工人员，慢性乙肝患者。

该男子在半年前酒后因右季肋部疼痛而前往医院就诊，查了肝功后发现是大三阳。得知自己得了乙肝后，他心里很害怕，又不敢告诉别人，怕别人看不起他。在现场，他越说越激动："这半年里我也想过去住院，等治好了再出来，可我一问光住院押金就要交3000多，我本来就是出来赚钱的，哪有那么多钱，最后想想还是算了。"

我也是吃过苦、受过贫的人，自然知道这位农民朋友的难处，便同情地问："那你在患病期间采取过什么治疗方法，用过药吗？"

他回答说："一般出现恶心、呕吐难忍的时候，我都会去医院找大夫看，具体什么药也不太清楚，有些是注射的，有些是自己服用的。"

"那应该是干扰素、病毒唑之类的药物，这没什么问题。"我想了想又说，"其实，你不要总想着把乙肝病毒清除掉，从目前来说，把阳转为阴是不可能的，长期用药反倒容易使病毒发生变异，产生耐药性。最主要的是养成良好的生活状态，积极锻炼，恢复肝功能。肝功能只要正常，你就不要在意它。"

我说："慢性肝炎病人机体免疫功能低下，易受各种致病因素的影响而引起病情复发。因此，你生活起居要有规律，避免劳累，讲究饮食卫生，提倡摄入高蛋白、低脂肪、热量适当、富含维生素及各种微量元素的饮食。用药要到正规医院经专科医生开具处方，避免应用对肝脏有毒性的药物。另外，最最重要的一点就是戒烟戒酒！"

他听了说："嗯，烟酒我从确诊乙肝后就遵照医生的吩咐给戒了。"

我点点头说："这很好，另外我教你一套锻炼方法，可以配合你平常的治疗。"

我说："过去练武功之人，站马步桩之后要拿铁条打两胁，称为单鞭锤胁。从养生角度来看，可以调动少阳之气、胆经气机的生发，从而让肝部的免疫力获得提升。当然咱们现代人不可能用铁条打两胁了，不过太极拳中有一个'鼓荡两胁'的招式，可把丹田气鼓荡到两胁，再从两胁鼓荡到臂，这也不失为一个提高肝部免疫力的好办法。"

鼓荡两胁锻炼法

两手十指胸前交叉，两臂上举至前额，逐渐向上翻转手心，同时两臂向前额斜上方圆撑，使两臂呈长圆形。两手背对向前额，上半身向左转，面向左方，与前方成90°，两手在额前，两臂围成圆弧，左大臂与左肩平，右大臂与右耳平，手背距前额约一拳。两手、两臂间要保持一定的圆撑力。随之，身体先向左转，然后微微用内在的力量鼓荡右胁，身体随着鼓荡

之力向右转，进而微微用内在的力量鼓荡左胁，身体随着鼓荡之力向左。此动作均用弧形运动，躯干的转动要灵活自然，动作的频率要慢，不要过快，每次反复做 3 ~ 9 次，每天可适量运动。

临走前，我建议他每三个月去医院做一个肝功能检查，时刻关注肝脏状态。我随手拿出处方单又写了几句话递给他：

乙肝患者不要急，戒烟戒酒最适宜。要想身体老来壮，熬夜伤身切莫忘。清淡饮食低脂肪，保护身体效最强。

治疗不能用激素，西医技巧要熟悉。身体素质是根本，坚持锻炼要经常。清晨太极漫步走，健康快乐永长久。

时隔一年，该名男子又特意找到了我，他是专门给我道谢的。他说，当年听了我的话回去后就把工地的活辞了，专心在家养病。经过一年调理，他的肝功已经接近正常了，抗病毒的药也早不吃了，现在和正常人没什么区别。

这就是功能锻炼的优势所在，通过不断地重复运动，会使身体的气血运行有序化，积攒出生命的力量和能量，从而促进新陈代谢，从根本上改变身体的原有状况。

中国约有 1.2 亿的乙型肝炎病毒携带者，但真正的慢性乙肝患者才3000 万例，很多人虽然携带有乙肝病毒，但并不会发病。另外，即便是患上肝炎也可以治疗，随着抗病毒药物的发展，特别是核苷（酸）类药物的应用，在正规治疗的前提下配合功能锻炼，也能达到很好的治疗效果。所以，大家不必对乙肝太过恐惧。

预防"人老脚先衰"的秘方

俗话说："人老脚先衰，树枯根先竭"，正是因为双脚位于人体下部，离心脏比较远，血液回流缓慢，所以是人体最先衰老的部位。但如果你不想老，就必须保证脚部不衰老，所谓"养生先养脚""脚健人身壮"，重视脚部的保健，可以起到强身健体的功效。

特别是老年人，随着时光的流逝，会出现浑身无力、腿脚没劲、走路不便的情况，只要是没有什么重大疾病，这都归根于双脚的早衰。

张先生已经六十多岁了，是一位退休干部，一年前来医院找我，首先看到他走路很没劲，他坐下后，我就问他："老先生，怎么了？"

他气喘吁吁地说："也没什么大毛病，就是感觉浑身没劲，我坐公交车过来，从医院外的站牌走到这里也就二三百米，我都用了 20 分钟，还觉得很累。"其实，浑身无力、走路没劲等情况是大部分老年人的通病，考虑到这些，我就给他说了一种锻炼脚部功能的方法，只要脚部强健，人的身体自然就会有劲。

脚部功能锻炼法

盘坐在床上，一只手握住脚踝，一只手握住脚掌，缓慢转动；也可以坐在椅子上，脚尖着地，以脚腕为轴进行转动；一般每次左右各转 100 下，早晚各一次；做蹲起运动，一般每天做 10 分钟左右。

张老先生一直按照这个方法锻炼，现在他整个人的精神好了，走路也有劲了，跟我说话时，就连语气、眼神都大不一样了。

古语说"千里之行，始于足下"。脚不仅承担着身体的全部重量，还帮助我们四处奔波，行走于世，可谓劳苦功高。

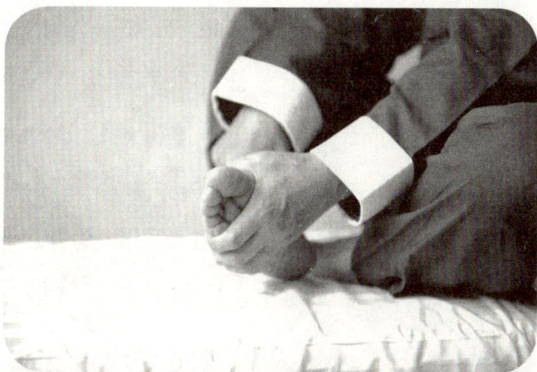

劳苦功高者最容易受到伤害，进而牵动整个身体的机能衰退。

脚因为与心脏距离最远，因此，血从心脏流到脚尖的过程也较长，很容易出现末梢循环障碍，导致供血不足，一些新陈代谢的废物和各种毒素可能在足部积存下来，产生某种毒素，引起其他疾病。

古人经常泡脚，用手按摩自己的脚心，天天散步，就是把气血引到脚上去，只要新鲜的血液能引到脚上，令气血畅通，便可带走足部积存的毒素，然后排出体外。

上面的这套锻炼方法分为转动脚踝运动和蹲起运动两个部分，前者的作用就是疏通脚部的血管，加速脚部血液流动；而后者能促进全身气血的流通，人蹲下去，身体变成三折叠，被挤压的血管收缩，气血冲向未被挤压的脚部血管，迫使它们扩张，人一站起来，全身气血又冲向原来被挤压的血管，在这样的一蹲一起、一压一放、一冲一回的气血往复运动中，就像涮瓶子一样，使脚部血管都得到了反复冲洗，而毒素经过血液循环就排出了体外，身体自然强健。

老年人在大家印象中，基本上都是"药葫芦"，大病小病一大堆。所以，如果你身边有至亲的老人出现浑身无力、步履蹒跚的情况时，别再往他们的"葫芦"里添药了，建议他们经常做一下这套运动吧。

🐾 防治肩周炎，跟着壁虎学学爬墙术 🐾

赵大娘是我们小区的运动达人，每天早晨都准时去广场健身。有次我在上班途中和她相遇，见她坐在路边的石凳上休息，并不时搓揉自己的肩膀，完全没有以前的活跃劲儿。

于是，我走上前关切地问："怎么了大娘，今天看你状态不好，是不是生病了。"

赵大娘摇摇头说："没事，没事。就这一段时间得了肩周炎，胳膊疼得抬不起来。说不定过几天再活动活动筋骨就好了。"

肩周炎是老年人的常见病，肩周炎虽然轻症可以自愈，但不是每个人都能适用，而且，如果是重症的肩周炎不治疗反而会造成不必要的痛苦。所以，我没有立马发表意见，而是上去检查了赵大娘的肩膀，发现都已经肿了。

肩周炎是无菌性炎症导致肩周肌、肌腱等部位出现的水肿、粘连，平常主动锻炼肩部关节可以有效防止关节粘连、肌肉萎缩。但是，由于肩周炎患者一般有"一动就痛"的特点，所以锻炼的方式一定要经过专业医师的指导后进行。像赵大娘这样漫无章法地活动筋骨，不但对肩周炎自愈起不到效果，反而会帮倒忙。

我对赵大娘说："你用强拉硬扯的锻炼方式是不行的，万一撕扯到肌肉了，后果多严重呀。咱要治肩周炎，可以在家学学壁虎。"

壁虎爬墙锻炼法

具体方法：患者身体正对墙壁距离约30厘米，双臂分开后举起双手放在墙上，胳膊尽量抬高，然后双腿分开稍比肩宽。当准备工作就绪后，患者身体下沉至双膝弯曲至90度即可，然后右臂协同左腿、左臂协同右腿上爬，脚可离地手臂尽量向上伸。

这种锻炼方法每天 20 分钟，身体素质好的老年人可适当延长时间。另外，对于关节软组织粘连比较严重的肩周炎患者，如果完整做完上述动作可能比较困难，没关系，我们循序渐进，精简一下动作，先只面对墙壁，胸部、腹部尽可能贴近墙壁，双手上举贴于墙壁。做一段时间后，如果疼痛感消失了，再继续进行。

一般来讲，经过数月的坚持锻炼以后，患者不仅会感觉胳膊能高高抬起，四肢及大小关节也在不知不觉中得到了很好的锻炼。三周后，我碰见赵大娘正和老伴打羽毛球，她看到我后跑过来，甩了几圈自己的胳膊跟我说她的肩膀已经不疼，现在又能正常的洗衣、做饭、运动了。

现在临床上治疗严重的肩周炎常用非甾体抗炎药和肾上腺皮质激素等治疗方法，如果在药物治疗的基础上配合功能锻炼，就能使患者好得更快，吃药花的钱也更少，也会减少药物不良反应对身体的伤害。

第三篇

锻炼缓解骨关节病

仿猫拱腰，治疗腰酸背痛

在所有的慢性疼痛病患者中，腰酸背痛的病患占了最高的比例。那些不爱运动而体质虚弱的上班族和搬运工，最易罹患腰酸背痛。

事实上，从青年人、成年人到老年人都是有可能发生腰酸背痛的群体。尤其是从事久站、久坐或是长期弯腰搬运重物的工作者，如司机、店员、搬运工、护理人员和电脑族等，经常因固定姿势或姿势不当而引起腰酸背痛；其他因素还包括内心的焦虑，对工作的不满或有家庭纠纷，或是经常失眠者。长期的苦闷、忧郁会使身心紧张，背部肌肉受到长期压力也会引起肌肉的疼痛。

小王是一位大型货运车司机，经常在外奔波，前段时间找我来看病时说："我最近腰酸背痛的，非常难受，以前也出现过这种情况，但都没这次严重，如果不是太疼的话我也就熬着了，你快给我治治吧。"

知道他的情况后，我对他说："没事，你放心吧，这是你长时间保持一种坐姿引起的，我给你说个锻炼的方法，你照着练习一段时间就会好了。"

仿猫拱腰锻炼法

清晨睡醒后或晚上睡觉前，趴在床上，撑开双手，伸直合拢双腿，撅起臀部，像猫儿拱起脊梁那样用力拱腰，再放下高翘的臀部，每天反复做十几次。

小王按照我给说的方法做了一个月后，腰酸背痛的症状就完全消失了，他复查时还对我说以后再也不用怕出现这个情况了，真是太有效了。

研究表明，人类因站、坐

不同的姿势，而带给人体背部不同的压力，如以直立时脊椎间承受压力为一百单位做标准时，当采取站立姿势又弯腰取物时，压力升高到两百单位，若是坐着弯腰取物时，其压力更高达二百七十五单位。可见，承受压力越大的姿势，越不能使用过久。因为不当的姿势用得愈久，脊背受到的伤害愈大。疼痛的刺激不仅难以忍受，也使患者无法正常工作、生活。

其实要避免腰酸背痛，长保身体的健康并非难事，只需坚持定时规律运动。这种道理大家都懂，只是要持续运动，确实很难，除非是有了病痛，才会开始运动，而运动后才发觉它的好处。所以，为了自己的健康，不要怕麻烦，坚持锻炼吧。

上面所介绍的仿猫拱腰的练习，就是很好的治疗腰酸背痛的方法，这套动作不仅高效，而且做起来也很方便，对于工作繁忙的患者来说再好不过了。

最后告诉大家，腰酸背痛的黄金疗程，是在发病后的三个月内，因此大家若有腰酸背痛，应尽量把握这段时间的治疗，超过黄金疗程者，即使接受相同的锻炼治疗，效果也远不如及早治疗来得佳。

腰椎间盘突出治疗的关键是锻炼

前几天，小王来诊室找我，想让我给他开几贴治疗腰椎间盘突出的膏药。

我一看他才三十岁左右，就建议他先拍个片子确诊一下。

小王回答说："确诊过了，我前一段一直腰痛，走路的时候大腿部发麻，然后去放射科拍了片子一看竟然是腰椎出了问题。"

我不放心，又仔细检查了一番，结果还真如小王所说。又是一个年轻人患腰椎间盘突出的例子，以前人只有岁数大了，颈椎、腰椎才会出现问题，现在没想到这么多人年纪轻轻就患上了椎间盘突出。

小王的工作是负责单位里的行政事务，每天就是坐在电脑旁边处理宣传文稿。很明显，这跟他长时间坐姿，导致腰椎纤维环中的纤维变粗变脆有关。人的腰间盘就像是个果冻，你越活动它越水灵，要是你长时间耗着不动，反而给它压力，那么果冻的水分就会逐渐减少，失去原有的弹性。在突然用力的时候，就会很容易导致椎间盘突出来，压迫到后面的神经，这时候患者就会感觉非常疼痛。

我对小王说："你也别贴什么膏药了，那种东西治标不治本，你要是不锻炼，这次就算是治好了，以后还会犯！"

然后我给他说了一种在办公室就能进行锻炼的方法。

腰椎间盘突出的锻炼方法

平常在办公室的时候，抽空离开座位，然后身体直立，双下肢伸直交替做后伸上举动作，或双下肢固定不动，上肢逐渐向后做背伸运动，这套动作方便在办公室进行。

如果是在家里，就可以增加一些难度。平躺在地上或者床上，然后双脚屈撑作为支点，头部和双手也作为支撑点，慢慢地将腰部往上挺起，到达最舒服的位置，然后保持这样的姿势十几秒时间，然后再慢慢地把腰放下，这样慢慢循环做几次，最关键的一点是整个过程一定要慢慢地做，这样既能防止腰部受伤，也能较准确地感应到腰部舒服的位置，每天坚持做一两次。

一方面是这个方法效果比较好，另一方面是小王比较年轻，身体恢复得很快，半个月后，小王就在复诊时告诉我，腰已经不疼了。我叮

嘱他，平时千万不要久坐，要多运动，平时坐上三四十分钟一定要起来活动一下身体，最好用上面的方法锻炼几下。

腰椎间盘突出是纤维环破裂后髓核突出压迫神经根造成的以腰腿痛为主要表现的疾病。患有腰椎间盘突出症除了药物治疗和功能锻炼之外，还应注意改变自己的生活方式，穿鞋时可以选择负跟鞋，睡觉时多睡硬板床等。

有很多病，你锻炼一下，比吃药管用多了，何乐而不为呢？

摇头晃脑拒做办公室"木头人"

我的外甥女在一家网站做新闻编辑。前段时间，她们编辑部加班做专题新闻，一连熬了四个通宵。

最后任务完成了，她的脑袋却抬不动了，发现自己变成了"木头人"，脖子像是灌了铅，僵硬强直，一些简单的扭头动作都做不了。她去医院做 X 片检查，发现颈椎出现了生理曲线改变，原来是患了白领一族常见的颈椎病。

医生让她做离子导入治疗，整个疗程下来要花费数千元，她嫌太贵便犹豫了一下打电话咨询我。

我了解情况后，在电话里告诉她："像你这样的颈椎病根本不需要花那么多钱，我教你一个锻炼方法，不吃药照样可以治好。"

颈椎病锻炼方法

方法很简单，就是在工作之余，放松紧绷的身体。具体做法是：先端坐在椅子上，腰背挺直，尽量让颈部伸展，下颌略收，双臂放松下垂，肩膀向后微微张开。双手十指交叉，双臂伸直手心向前，一定要尽量往前伸，直至颈肩肌肉感到绷紧为止，这个动作保持 5 秒钟后双臂放松，恢复原位。

然后，头部缓慢转向左侧，让左耳向左肩尽量贴近，使右侧颈肩肌肉感到绷紧为止，同时右臂尽力向下伸，脊柱保持挺直，同时深深地吸一口气，缓缓呼出，然后再缓慢转向右侧，做同样的动作，就这样反复交替做四次。

随后，自预备式，头部向左侧扭转，目光尽量看向身体后方，但是身体不能转动，保持5秒钟，最后回复原位。然后，头部向右侧扭转，与左转式方向相反，动作一致。

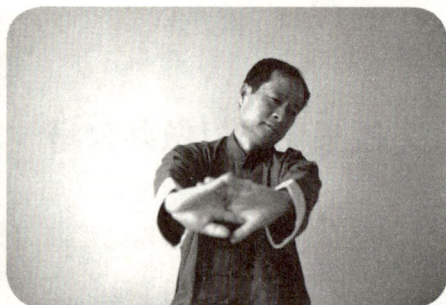

就像是咱们平常摇头晃脑地读书，操作非常简单。我让我外甥女工作之余，每两小时就休息十五分钟来做这个运动。两个星期后，她打电话告诉我说脖子又能转动自如了，直夸这个"摇头晃脑"的方法神奇，真是替她省了不少时间和金钱。

以前颈椎病都被我们称为"老年病"，没想到现在竟成了办公室一族的职业病。但仔细想想也不奇怪，现代人越来越离不开电子产品，我有时候坐公交车，发现车上的年轻人几乎都在低头玩弄手机。我们颈椎的生理曲度并不是一成不变的，当人们长期低头工作、睡高枕的时候，颈椎的生理曲度就会发生改变，进而导致颈部韧带损伤等。因此，常用电脑的IT工作者、文秘等人员，都是颈椎病的主要患病人群。颈椎发病时，脖子就像卡住的链条，动也动不成，给睡觉、喝水、吃饭造成很大的不便，非常难受。

所以，我常常对年轻人说，平常工作之余活动活动颈椎对个人健康非常重要，不管工作有多忙，每坐在电脑前30～40分钟最好就站起来"摇头晃脑"一番，伸伸胳膊扭扭腰，肩颈松弛了，全身血液循环也就畅通了。

抱膝滚动治疗腰酸背痛

对人体来讲，骨头是杠杆，关节是支点，而肌肉则是动力。正是由于肌肉在神经的支配下牵拉着骨头绕着关节运动，人体才能做出各种各样的动作。

就拿人的上半身来说吧，椎骨就像是用来构架身体的钢筋，而分布在椎骨两侧的腰大肌、腰四方肌，腹侧的腹直肌、腹外斜肌、腹内斜肌等则相当于浇筑的水泥。为了稳定脊柱，背肌力量与腹肌力量必须很好地保持平衡，如果一侧肌肉出现损伤或退化，这种平衡就会被打破，出现腰痛、背痛、肩痛等问题。

所以，对于青壮年来说，在长时间的工作、驾车、搬运东西后感觉到腰背酸痛，并不是自己骨头、神经出了什么问题，而仅仅是由于不正确的姿势导致肌肉不均衡引起的。

对于这种情况根本犯不着去医院，自己在家做"抱膝滚动锻炼"就可以很好地改善腰背部疼痛的症状。

抱膝滚动锻炼法

仰卧在床上，下体屈膝屈髋，两大腿紧贴腹部，两手十指交叉后抱住小腿部，并使小腿尽量向胸腹部靠紧，然后用力向左滚动，以左耳、左肩、左臂触及床面为宜，再回转身向右侧滚动。每天早晨起床和晚上睡觉的时候，如此反复滚动30～50次定能达到很好的效果。

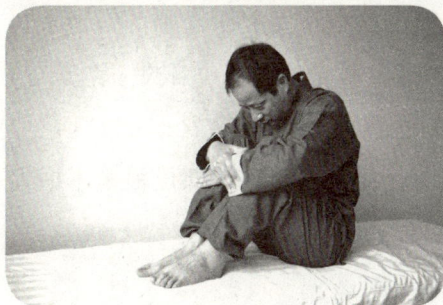

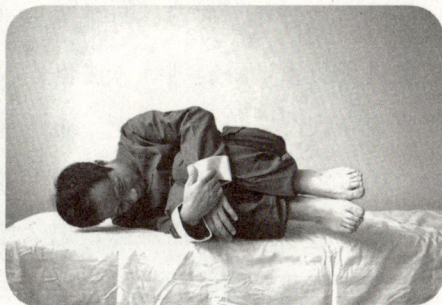

做这个运动的时候，身体蜷起来像一个球形，这样可以牵伸腰背部的肌肉，防止肌肉萎缩，促进炎症和肿胀的消退。

去年因为要我筹备一本书的出版，在医院忙完后，回家还要在电脑前整理文稿，每天都到半夜12点。时间久了就出现腰酸背痛，起初我总让我妻子给我捶捶背，后来捶背也起不到作用。我心想自己天天给人家治病，为什么不能自己当自己的医生呢，于是我便天天做"抱膝滚动锻炼"。

我按这个办法，在床上"滚"了四天，浑身的酸痛感就逐渐消失了。

大家都说西医是吃钱的老虎，这一点我不太赞同。西医除了西药，还有许多与之配套、非常实用的功能锻炼方法。这些方法可以让你吃药减半，或是根本不需要吃药就可以把病治好。只不过现在咱们国家医疗资源非常短缺，患者太多，医生太少，医生没有时间来把很多锻炼方法普及给患者罢了。这也是我写这本书的目的，多传播一些锻炼方法，让大家少吃一点药。

🏃 锻炼使伤筋早复健 🏃

俗话说："马有失蹄，人有失足。"出门在外，难免会不小心跌倒，特别是喜欢穿高跟鞋的女孩子，走路时崴到脚更是常有的事儿了。

以前在我的固定思维中，认为崴到脚后踝关节韧带发生损伤，只管卧床休息，静心等着自然康复就可以了。但是，后来在一部NBA球馆训练的科教片中发现，一些脚踝扭伤的运动员在专业康复师的指导下仍然要进行负重训练。训练方法也比较特殊，就是他们双手各拎一个铁球，用脚尖在训练室里往返行走，难道他们就感觉不到疼痛？

经常运动的朋友都知道，韧带损伤后，扭伤的关节部位根本不敢发力，稍微一用力就疼痛难忍，怎么还可能进行负重行走呢？

为此，我专门咨询过一名运动医学专家。

这位专家告诉我说，这是运动员们在对踝关节的力量功能进行康复训练，可以加速恢复受伤的关节功能。以前我们也没有功能恢复训练的理念，患者来了，膏药一糊，就让患者回家卧床休息了。后来才知道，在西方国家，脚踝扭伤后，医生都非常重视功能的康复训练。俗话说"伤筋动骨一百天"，咱们一个人扭伤了脚，最起码得休息一两个月，但是在国外通过一定的功能恢复训练后，患者康复周期几乎缩短了一半，而且有些患者的肌肉力量在康复后还得到了加强。

听了他的一番论述，我顿时觉得受益匪浅。很多医生在治疗的时候都把重点放在了药物上，却忽视了人体自身强大的修复功能，不善于挖掘患者自己的潜力。从那之后，我便把功能锻炼的思维多次运用到生活实践上。

有一次，朋友的儿子打篮球崴了脚，找我看病。朋友再三叮嘱，一定要想办法让好得快一点，高中学习太紧了。我给他开了一些药，然后让他在家做相应的功能锻炼。

具体的三项训练

负重练习：为了锻炼踝关节的力量，练习时肩负 12 ～ 20 公斤的重物，可以用哑铃什么的代替，受伤的脚可以用脚尖稍微用力行走做往返 25 米训练，完成 5 ～ 7 组。在这个过程中，重物的轻重，次数的多少，距离的远近，患者一定要视自己的情况而定，不要急功近利。

绕踝练习：为了恢复脚踝韧带的活动幅度，做的时候也很简单，就是双腿伸直，脚掌在半空做画圈运动。

屈伸练习：可以用拨足球的方法，双脚快速互拨足球，以恢复踝关节的柔韧和灵活性。

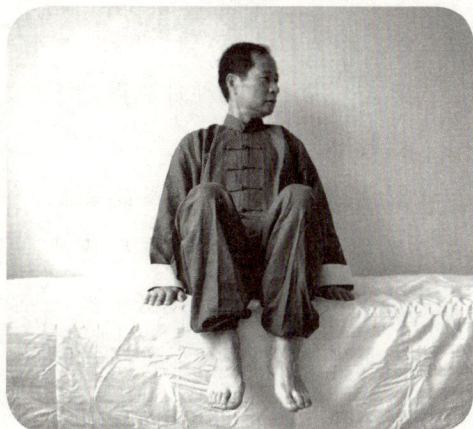

运动解剖学认为，加强踝关节力量、柔韧和灵活性的专项训练，可以对踝关节周围肌肉、韧带产生积极影响，提高弹性和伸展性，对踝关节伤后的功能恢复和预防再次发生损伤能起到积极的作用。朋友的儿子按上面的方法坚持锻炼，好得特别快。那个小孩子在家练习拨足球，球技还增长了不少。病好以后，足球场上都比以前威猛了很多。

踝关节柔韧和灵活性训练的方法很多，每个人可根据自己功能恢复情况确定运动量与强度，不过需要指出的是，脚踝扭伤后的康复训练一般应在肿痛减轻后的 1 到 2 周进行，其训练幅度也应该逐步增加，不要盲目求快，不然到时候造成韧带的二次损伤，就成了好心办坏事了。

预防骨质疏松要勤做壮骨操

我父亲喜欢去公共浴室洗澡，年龄大了，全家人都担心他，这不，上周他不小心在澡堂子里摔了一跤。父亲 70 多岁的人了，身子骨毕竟不比年轻的时候硬朗。在送父亲去医院的路上，我已经想好最坏的结果就是骨折。

到医院后，在其他医生的协助下老爷子做了一些抬肩、屈腿等测试运动，发现都能顺利完成。然后又拍了个片子，并未发现骨折。

最后我一个同事惊讶地说："你家老爷子可真不简单呀，这样在地板上摔了一下骨头竟然一点事也没有。"

其实，我父亲的硬骨头得益于我之前经常让他做的一套壮骨运动。

壮骨操

双掌挤颈：双手十指交叉抱在头颈后方，使两臂关节尽量外展，用双手掌挤压后颈部若干次。然后双肘尽可能内收，用双掌用力挤压颈左右侧。

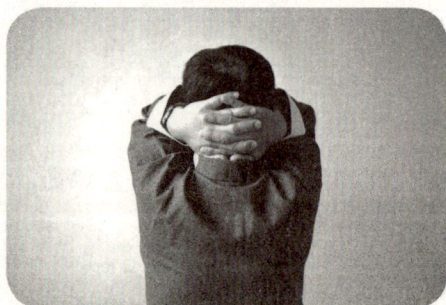

挺腹运动：取仰卧位，双膝弯曲，双脚贴地，抬高臀部，使身体的重量由肩及双足支撑。然后放松呼吸，呼吸时舌尖轻顶上腭，最好用鼻子呼吸。在吸气时，最大限度地向外扩张腹部，同时保持胸部不动；呼气时最大限度向内收缩腹部，胸部保持不动。如此反复，每日十次。

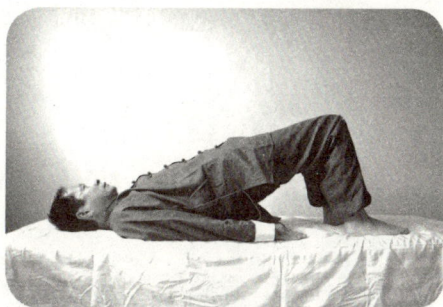

常扭膝部：双脚并排，膝部紧贴，人微微下蹲，双手按膝，向左右扭动，各做 20 下。

当然，除了颈椎、腰椎、膝关节这些需要特殊保护的地方，下肢锻炼对防治骨质疏松有很好效果。具体做法只要坚持每天做 50 次弹跳运动便可以提高骨头质量。弹跳运动可以加快全身的血液循环，而落地时地面的冲击力又激发了骨质的形成。据美国诺丁汉大学专家观察发现，每天坚持上下跳跃的人，一年后最易发生骨折的髋部骨密度增加了 3%。

老年人是骨质疏松的高发人群，这跟老年人活动减少，缺乏日照，胃肠吸收功能和肾小管重吸收能力逐年减退等因素有一定的关系。骨质疏松症本身，并无疼痛等症状，但是人体就像是变成了玻璃瓶，不耐跌打了，严重的可能轻微的咳嗽或喷嚏就会诱发椎体骨折。所以，老年人一定要时常注意自己的骨头质量，常做壮骨运动，把骨骼锻炼成真正的硬骨头。

膝关节有劲儿，老人才能长寿

今年年初，我随医院的志愿者服务队去一个老年社区服务中心进行健康义诊。在义诊过程中，我发现不少老人的腿脚都存在问题。

其中，有一个"打软腿"的患者，他的症状是走路的时候膝关节会突然发软，因为走路的时候膝关节突然发软，他都摔倒好多次了。另外，长时间下棋后猛地站起来，膝关节不能打弯，需要慢慢活动一下，才能行走。

我告诉他："这是膝关节退行性病变的一种类型，像你这种年龄非常常见。"人体膝关节的关节囊内层是滑膜层，关节腔内有滑液，跟机器轴承的润滑油一样，关节正是靠着它的润滑作用才能运动自如。

对于膝关节的病变，常规治疗都是一些止痛消炎药，通过消肿止痛来解除关节僵硬，恢复关节活动。其实，大家忽视了人体自身强大的修复能力，而启动修复能力的钥匙便是功能锻炼。

国外有文献报道，宇航员在太空"失重"状态下，每月都会丢失0.5%左右的骨质。作为国之栋梁的宇航员，其太空食品肯定不差，兼顾了人体需要的所有营养成分，自然也不会少了钙质的补充。但即便这样仍不能阻止骨关节的退化，这就证明运动对骨头的重要意义。

于是，我就在服务中心现场教了大家一套强身健骨，缓解膝关节退行性病变的功能锻炼方法。

强身健骨操

第一阶段：关节增氧训练

卧位绷腿：取仰卧位或坐位，双腿伸直不动。将大腿肌肉绷紧，做时可以摸下膝关节大腿正面，以感到大腿肌肉鼓起绷紧为宜。绷紧肌肉约 6 ～ 9 秒，放松 1 秒，每次反复做 20 次。

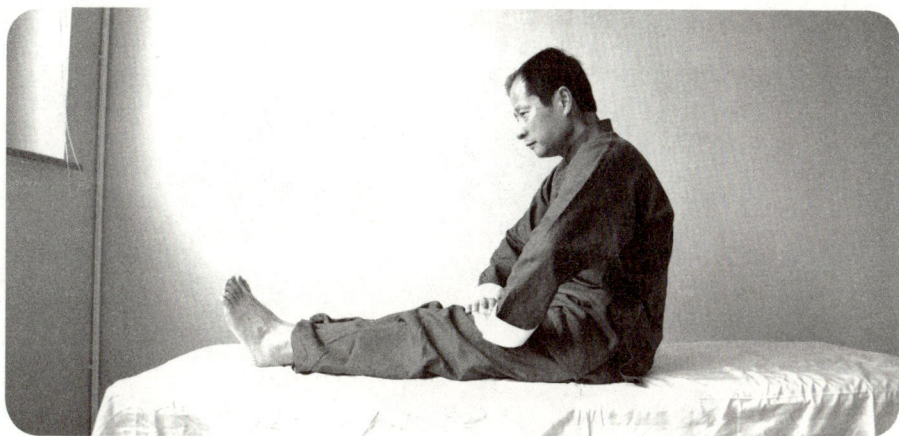

交替抬腿： 取仰卧位，双手放在身体两侧，双腿伸直，两腿交替抬高，高度以达到另一只脚的脚尖为宜，可以感觉到大腿肌肉的收缩、绷紧，每抬起一次的时间控制在 6 ～ 9 秒，反复做 5 ～ 10 次。

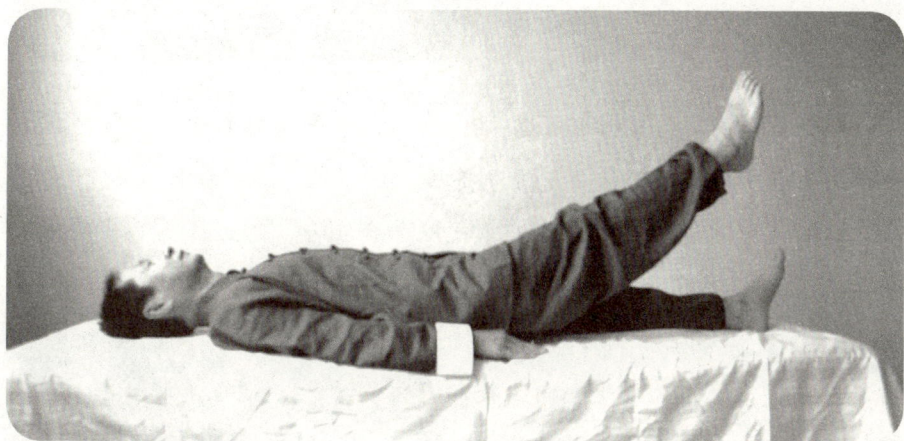

坐位压腿： 准备一把椅子，高度与小腿长度差不多，椅子前放置高度一样的凳子，坐在背靠椅上，双手抓住椅子边，抬起一条腿放在凳子上。尽量将腿伸直，并适当用力向下压腿，两腿交替进行。

第二阶段：瑜伽强膝训练

膝伸展： 坐姿，背部挺直。双腿向前平伸。右腿上抬至 45°。双手在右膝盖后相握，吸气，伸展膝盖。呼气屈膝，并将膝盖拉向胸部。配合呼吸，伸屈 8 次。

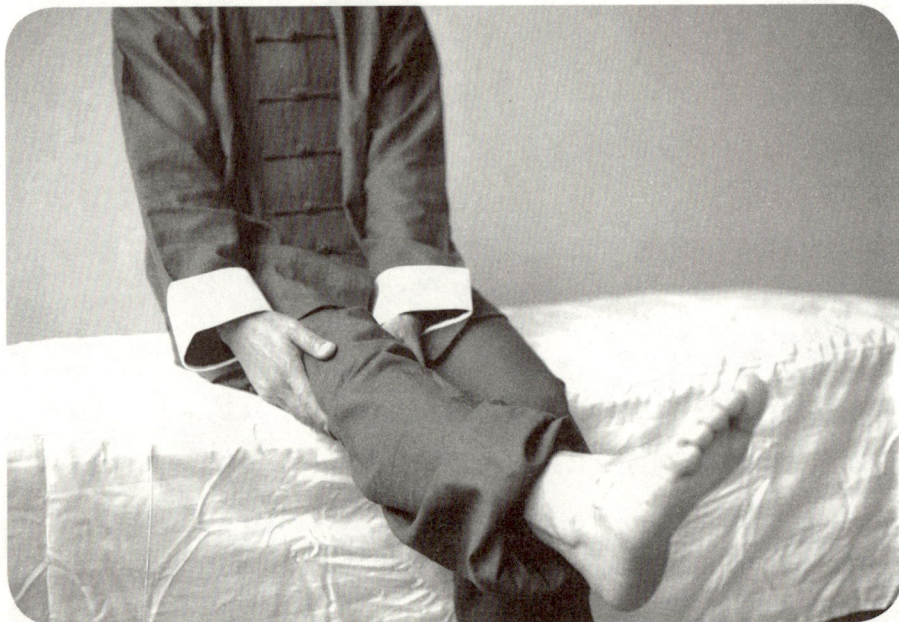

抱膝式：站姿，重心移至左腿。吸气，双手抬起右膝。呼气，将右膝拉向腹部挤压。吸气伸展，呼气挤压。

幻椅式：站姿。双腿并拢。吸气双手合十于头顶，保持背部伸展，呼气，屈双膝下蹲，感觉像是坐在椅子上，保持平衡，均匀呼吸 3 ~ 6 次。吸气，向上提起身体，呼气放下双手。放松，重复 3 次。

通过前这两个阶段的锻炼，可以促进静脉和淋巴回流，减少关节液渗出，从而消除肿胀，防止关节粘连和肌肉萎缩。

第三阶段：运动康复阶段

在这个阶段中，关节运动的不适感已经

消除，大家可以凭着自己的爱好进行一些步行、骑车、慢跑等有氧运动。

这三个阶段是循序渐进完成的，就像是上楼梯，站稳了一层再开始爬第二层。另外，在功能锻炼之初，出现疼痛是在所难免的，因为关节长时间不活动，内部粘连僵硬，肌肉萎缩，再次活动必然引起局部肿胀和疼痛，这些都不要紧。

当初我把这套锻炼方法教给大家后，就返回了医院。没想到，两个月之后，社区服务中心的主任专门打电话向我表示感谢，说我的这套锻炼办法帮助不少老人减轻了膝关节病变的痛苦，在老人群体里非常受欢迎。

膝关节是人体最大、结构组成和功能最复杂的滑车关节，由于膝关节在人体中负重最大，所以它是人体中退化最早，损伤最多的关节。人到中年常会感觉膝关节发僵，走路的时候会发出"咔嚓、咔嚓"的声响，上下楼梯艰难，站着蹲不下去，蹲着站不起来，这其实就是膝关节退行性病变的表现。

对于这个病，目前尚没有任何药物或方法，能够代替功能锻炼对恢复关节活动的作用。功不练则退，物不用则废。人体关节主要功能就是协助人类活动，一个人如果总是不动，那关节就会像年久失修的轴承一样生锈。希望大家一定要重视，功能锻炼对强身健骨的重要性。

每天三个动作，让颈、肩、腰、腿不再疼痛

颈肩腰腿痛是多种部位疼痛和多种疾病表现的总称，比如颈椎病、肩周炎、腱鞘炎、腰间盘突出、腰肌劳损、骨质增生等都可以归到颈肩腰腿痛的范畴。

为什么疼痛喜欢发生在这四个部位呢？这是因为颈部、肩部、腰部和膝部都是人体的大关节，这些关节部位的软组织活动频繁，所以也易发生损伤。比如，长期低头伏案工作，睡眠姿势不当，使用高枕头，使

颈部软组织长时间处于牵拉状态。腰部遭受打击、重力压迫或长时间弯腰，使腰部软组织出现急性损伤。软组织因为牵拉或损伤，组织内的血管长期处于半通畅而形成局部缺氧状态，使血管的通透性发生变化，血细胞渗出、组织变性、纤维间质增多，软组织就会发生肿胀和炎症等。

教师这个职业是最容易得颈肩腰腿痛的，这跟他们的职业性体位密不可分。教师站起来是在讲台上讲课，坐下来是在办公桌前批改作业，颈部、腰部和腿部肌肉容易发生劳损，出现疼痛。

邹先生是一名高中教师，由于经常伏案备课和批改作业，年纪轻轻就诊断出了"肌肉劳损"。颈部和腰部肌肉无力酸胀，出现持续性疼痛，活动受限，每周都要到医院做2次按摩和理疗，虽然能缓解一段时间，不过治疗一停止，颈、腰疼痛就会再次发作。

后来他经朋友介绍找我看病，我考虑了他的实际情况，便教给他一套锻炼方法。

颈肩腰腿保护操

1. 把身体挺直，两只手手心向上平放在下颚前，像捧着莲花一样，然后两手分开慢慢绕到头后，保持手心朝天，手指尖在脑后面相对碰上，坚持5秒钟，慢慢回来。这个动作能让肘关节打开，使颈椎后面的肌群得到锻炼。这个动作每次做10～20遍。

2. 身体保持挺直，眼睛先看着地，然后头转向左，下颌落在左肩上，像看日出一样慢慢抬起，移动自己的头，按时钟指针6点、7点、10点、

11点、12点方向运动，转够一圈。然后头转向右，下颌落在右肩上。再从右边开始做这个动作。这个动作每次做5～10遍。

3. 两手臂向两边伸开，手心斜向下，保持9点一刻的姿势，然后向身体斜后方10点10分方向运动，如此反复，20～50次为一组，间歇3到5分钟再做一遍，共做4组左右。

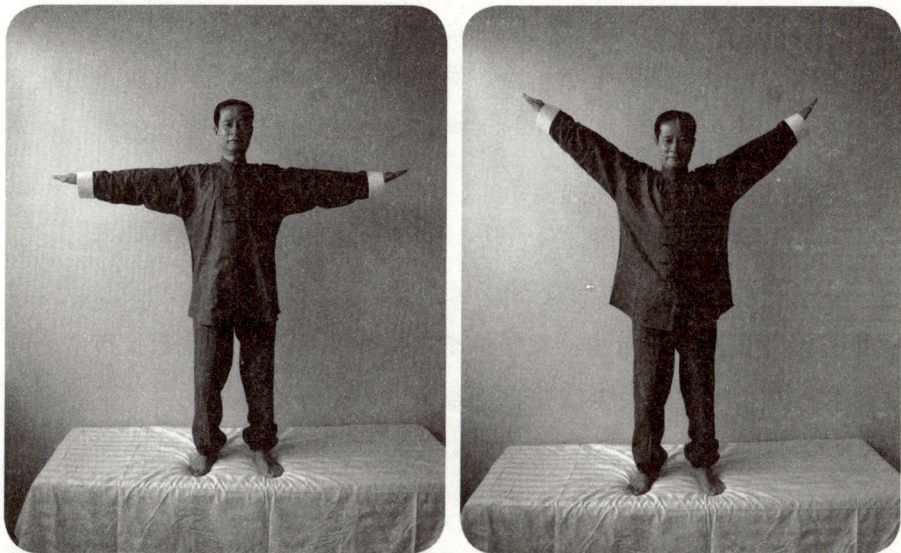

很多人脖子疼痛、肩膀酸疼的时候都会下意识地揉一下该部位，这一举动是人体本能的反应，因为强迫肌肉活动，可以使肌肉里的毛细血管大量开放，促进血液循环，改变组织缺氧的状态，消除肿胀。邹先生回去一周后给我发短信说此方法非常实用，自那以后，他再也没有来医院做特色理疗和按摩。

在现代社会中，颈肩腰腿痛是高发病症，最常见的比如落枕。其实，颈肩腰腿痛很多时候是由于肌肉使用过度或使用不当，致使骨关节周围的肌肉劳损所致，说白了就是肌肉不够强壮。肌肉强壮则身体便可以吸收更多的冲击力，也更耐牵拉和负重。所以，我们要通过锻炼把这些稳定关节处的肌肉调动起来，让它们变得强壮有力，这样就再也不会出现颈肩腰腿痛了。

形体训练纠正姿势性驼背

种过树的人都知道，树木要想长得直耸云霄，就要从小打牢基础，用支架固定防止树苗长歪。6～12岁的小孩就像是苗壮成长的小树苗，家长需要密切关注其生长状况，看是否出现驼背现象。

邓女士家的小姑娘今年刚刚8岁，入学体检的时候，医生指出孩子有点驼背。邓女士这才留意，细心观察发现孩子走路、端坐的时候身子还真是挺不直。

基础不牢，地动山摇，孩子从小驼背，那长大还怎么得了。第二天，邓女士毫不迟疑地带着孩子跑到了医院来找我。

我检查了孩子的脊柱，发现并非是生理性弯曲，而是青少年常见的姿势性驼背。姿势性驼背就是因为长期的坐姿不正确造成的脊柱弯曲，骨骼是人体的支架，脊柱是中轴，由30多节椎骨按规律排列而成，如果脊柱向前弯曲度过大，那就是驼背。

邓女士问我："大夫，听说人的骨骼一旦发生结构性改变，就很难让其恢复原位，是不是这样？"

我说："这话你若在孩子20岁以后问我，我会回答说是。不过你家姑娘还小，骨骼有机物成分多，韧性好，骨头的可塑性还是很大的，只要通过正确的形体训练就可以纠正过来。"

随后，我把具体训练的办法告诉了邓女士。

姿势性驼背矫正训练

1. 让孩子坐在靠椅上，双手抓住臀部后的椅面两侧，昂首挺胸，向后张肩，每次坚持10～15分钟，每日3～4次。

2. 让孩子背朝墙，距墙约30厘米，两脚分开同肩宽，两臂上举并后伸，同时仰头，手触

墙面再还原，反复做 10 次，每日做 2 ~ 3 次。

3. 让孩子仰卧床上，在驼背凸出部位垫上 6 ~ 10 厘米厚的物体，全身放松，两臂自然伸直，手掌朝上，两肩后张，如此保持仰卧 5 分钟以上，每日做 2 ~ 3 次。

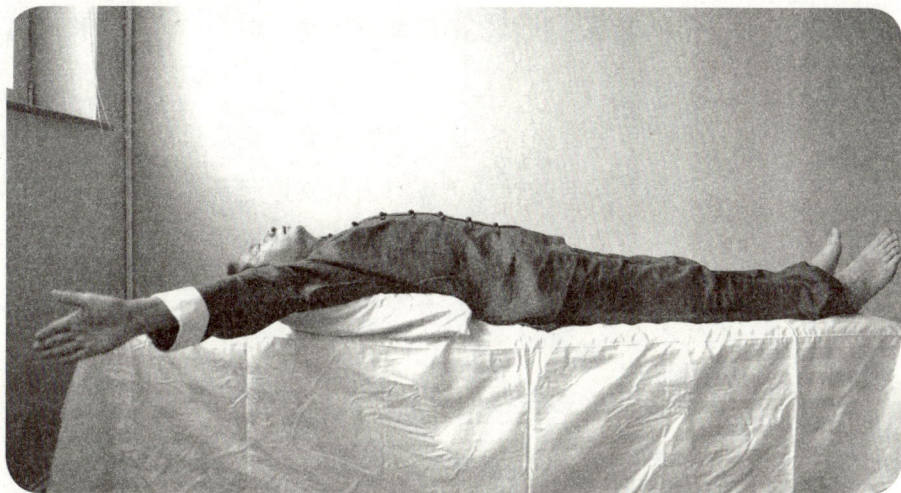

4. 让孩子坐或站立，双手持体操棒，横放在肩背部，挺胸抬头，感到肩背部肌肉酸胀即停，每日早晚各做一次。

这套形态训练法，宜在早晨和睡前进行。由于驼背是长期形成的顽固性畸变，所以锻炼应循序渐进，持之以恒，千万不要因为心急而半途而废。

只要经过持之以恒的训练，腰背部位就会得到很好的纠正，形成有力的肌肉夹板，使脊柱保持挺拔的姿势，从而逐渐矫正驼背。三个月后，邓女士带着孩子前来复查，这一次检查发现孩子的背部不弯了。我连连点头夸赞说："站如松，坐如钟。女孩子挺拔端庄长大以后才好看嘛。"

树不扶不直，人不教不正。现在小孩子因为学业繁重，大部分时间都是坐在课桌前，由于姿势不正确很容易出现姿势性驼背，家长一定要多注意孩子的日常坐姿、站姿，保持良好的习惯，一旦发现孩子背弯或耸肩就赶紧采取干预手段，不然等骨骼定型后再纠正就为时已晚了。

轻度脊柱侧弯的矫正锻炼方法

上世纪末，席梦思床垫在全国上下十分受欢迎，家长们为了让孩子睡眠舒服，纷纷给换上了松散柔软的席梦思床垫。但是，时间一长问题就出现了。

人的脊柱从侧面看是弯曲的，医学上称之为"生理弧度"。当人仰卧在水平面时，背部和腰部的脊柱正好有力地支撑起身体，但是长期在柔软的床铺上睡觉，身体的自重会使脊柱的生理弧度发生改变，特别是处在发育期的孩子，脊柱十分柔韧，长时间的生理弧度改变很容易造成脊柱侧弯。

一时间门诊上多了许多脊柱侧弯的患儿，胡先生的孩子就是其中一位。

胡先生发现 7 岁的孩子背部挺不直后非常紧张，慌忙带着孩子来求医。我让孩子脱了上衣身体站直，发现孩子脊椎左侧腰以上肌肉鼓起来一条，左背比右背明显要高。为了进一步确诊，我又让孩子做了全脊柱的 MRI 检查，最终证明了脊柱侧弯的推断，脊柱向左侧弯曲 11 度。

得知孩子是因为长期睡席梦思而导致脊柱侧弯后，我第一时间告诫胡先生，让他回家后就给孩子换上硬板床。

鉴于孩子是轻度弯曲，我只是给孩子佩戴上矫正器，没有让其住院治疗。除此之外，又教了他一套锻炼方法，坚持每天做三个动作。

脊柱侧弯矫正锻炼

俯卧向前伸单臂： 在垫子上俯卧挺身，使脊柱侧弯的另一侧手臂全力向前伸，同侧手臂后伸，同时做抬头挺胸动作，然后恢复原位。重复 20 ～ 30 次，共练习 4 组。

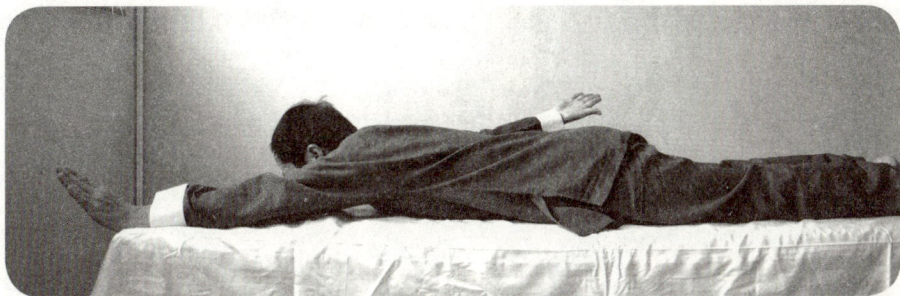

体转动作： 两脚开立，扭转躯干，做向脊柱凸向的同方向体转运动。完成一次体转后，两臂轻置体侧，再重复上述动作（不要做另一方向的体转动作），在动作过程中强调双腿伸直，不要移动双脚，以免减低练习效果。重复20～30次，共练习4组。

单臂外振动作： 身体直立，两脚分开与肩同宽，弯侧手臂伸直，空手用力向体外侧举到极限，再用力放下到体前内侧极限，做30～50次。接着手持重物（2.5～5千克）重复练15～20次，共做4组。

上述矫正训练方法，重点在于加强脊柱较弱一侧的肌肉力量，逐渐把侧凸的脊柱拉直。

我告诉胡先生，一周后带着孩子再来拍个片子，看看脊柱有没有改变。一周后，片子显示弯度减小了，我说矫正器白天不用戴，只要晚上戴就可以了，但功能训练还是很有必要做。

同时，平常要注意让孩子经常保持正确的坐姿，就这样两个月后孩子的脊柱矫正过来了。

脊柱侧弯要早发现早治疗，一般轻度的脊柱弯曲通过佩带矫正器和矫正训练都可以改善过来，但如果不能控制弯曲程度，要及早考虑手术治疗。

锻炼背部肌肉让你人老腰板硬

人一老，腰板就挺不直，弯腰捡个东西，系个鞋带都颇为吃力。在孩提时代，父亲宽厚的臂膀总能给我们安全踏实的感觉，但是随着年华尽去，父亲的臂膀逐渐被岁月压垮，变得沧桑而落寞。

难道，这就是衰老的迹象吗？在此，我要告诉大家，这大错特错，人腰板的力量主要取决于背部肌肉的强弱。背部肌群是三大肌肉群之一，强壮的背肌可以让你拥有强壮的力量，帮你抵御冲击，承担负重，保护脊柱。

前一段，同事小崔无意中发现家中的父亲身体有点前倾，腰板挺不直，看着十分显老。这若放在普通家庭也就听之任之，把它当成正常现象了。但是小崔也是医生，他清楚其中的原因，便第一时间向我咨询改善的办法。

我的思路很明确，就是加强背部肌肉的功能锻炼，具体方法是：

背部肌肉锻炼

1. 屈膝平卧，双手把一侧膝盖轻轻压向胸部，使背部有拉伸的感觉，但以不觉疼痛为度，保持 30 秒后放松，两侧交替做。

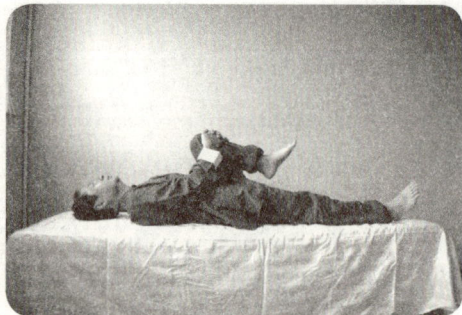

2.屈膝而卧，腹部用力收紧，抬起臀部，腰背离床，保持 30 秒后放下。

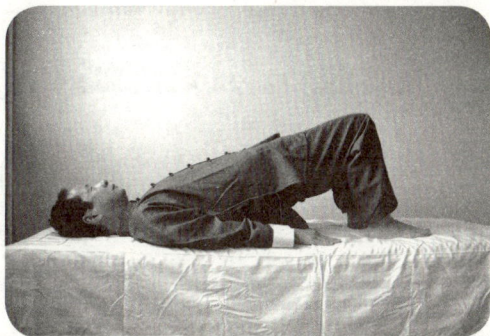

3.屈膝而卧，双手在脑后交叉抱头，头部用力向上抬起，使肩部离床，保持 10 秒后放松，像做仰卧起坐的样子。

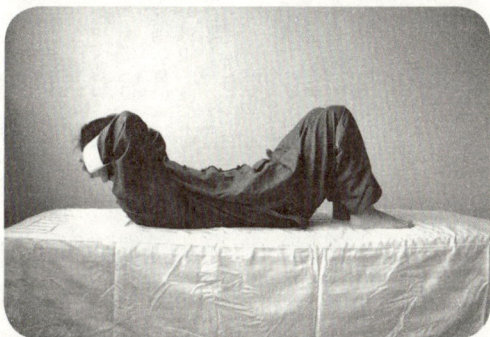

4.屈膝跪在地上，双手撑地。背部向上弓起，保持 5 秒后放下，达到与地面平行。做 10 次。

5.俯卧，在腹部下放软垫子。将左手和右脚同时举起，做到背部和臀部有紧绷感，坚持 2 秒后放松，再换右手和左脚举高，共做 10 次。

这套锻炼方法可以加强背肌力量，增强身体的柔韧性和灵活性。现在，小崔 70 多岁的老父亲走起路来依旧腰板笔挺，脚下生风，不得不说这是得益于这套锻炼方法。

谁说人老了，腰板就也要跟着服老，通过加强背部肌肉锻炼，就算是年龄再老，腰板也一定还能挺直。

胳膊酸痛，试试活血通络的"举手疗法"

张大爷跟我住一个小区，是位退休的老干部，没事总爱在楼下下棋，我们非常熟悉。去年的一天下午，我下班没事就在他旁边观战了一会儿，两个老人下得真是精彩，兵来将挡，一个小施阴谋，另一个化于无形，我都佩服得很。一局结束，我正要离开时，张大爷叫住我说："大专家，先别走，我咨询你一些问题。"

他下完后，让我坐下，然后对我说："最近胳膊老是犯困，酸疼酸疼的，这下个棋拿个棋子都很难受，去医院检查了医生也说没什么大问题，让我回来多锻炼，具体也没说怎么个锻炼法，你应该知道，教教我吧。"

我听了笑着对他说："你这定是经络受阻引起的体内毒素淤积引起的，正确的锻炼不仅能够舒筋活络，而且还能排除体内的毒素，对你这病治疗效果很好，我给你说一个很简单但是很有用的方法，你记好了，平时闲的时候就可以锻炼了。"

举手疗法

将两手臂伸直，向身体的两侧平举（不是向前平举，也不是向头顶上方垂直而举，手心方向任意，站着坐着均可），循序渐进，坚持的时间越长越好。

他按照我说的方法做了两个星期，胳膊不痛了，整个人的精神头也比以前好多了。

刚开始练"举手疗法"，只能举大概 5 分钟，可循序渐进，若想达到明显的治病效果，每次举手须持续 20 分钟才行。

这个方法手举的时间一长就会很难受，并有酸痛麻胀之苦。然而此功的奇妙之处，正在于它的酸痛麻胀。酸痛麻胀所显示的即是身体气血阻塞的现象，为了支撑手臂能举的时间长一些，手臂必须调动许多气血来维持，在调动气血的过程中，凡有阻塞之处必然引起酸痛麻胀。只要忍受酸痛麻胀到一定的时间，酸痛麻胀的现象一定会解除，这表示阻塞已被打通。

"举手疗法"的治病原理在于：我们的两手有六条经，亦即心经、肺经、心包经、大肠经、小肠经、三焦经，它们的气血通畅与否，牵涉到我们的神经状况、消化状况、呼吸状况、排泄状况、睡眠状况。

当我们举手练习时，我们就自然为这六条经脉灌满了气血，同时也迫使气血贯通于此六经之中；这样，气血不至于郁积于内脏，而达到排毒的目的。

身体中的毒素，也可说是污染物、代谢物，多半是人体在吸收食物后，进行新陈代谢后的产物，这就是"吃得多，病也多；吃得好，死得早"的道理，它们往往停留在血管、肌肉、筋骨、关节以及脏腑的空隙中，如果不及时排出，会使肉体慢慢僵化、老化，出现胳膊酸痛僵硬。

如果想让"举手疗法"获得最大的治病强身效果，最好采用站立式的"举手疗法"，就是在举起双手的同时，也让双脚的脚跟跷起，如此则更易于使气血向下灌注于大腿、小腿、脚掌，促进脚上六经气血的通畅与旺盛，进而取得更好的功效。

在举手时，一定要心无旁骛，内心愈空愈好，愈静愈好，不可一面举手一面看书，或看电视。内心愈专一，愈放松，效果就愈好。假以时日，随着功夫的自然进步，两手臂的酸痛麻胀之感，会渐渐减轻，经络气脉畅通，整个身心都会变得无比的舒适。

最后告诉大家，练举手疗法时，可将两手不断抖动，或将手心不断翻转，但手臂不可下垂，也不可以向头上举。这么好的方法，有胳膊酸痛情况的人不妨在闲暇的时候练一练，对你是只有好处，没有坏处。

双手无力，请用"甩手疗法"

小张是一位花圃工人，经常在各大小区修剪花圃，我认识他是因为他也在我住的小区工作过。几个月前，他来医院找到我说："我现在经常感觉双手无力，拳头握不紧，不爱动，还老是感觉很累。"

我听后给他号了号脉，脉象缓弱无力，就问他："你平时吃东西怎么样？"

他听后忙说："不行啊，吃得很少，有时候强迫自己才吃一些。"

听到这些，我就知道他这是脾胃虚弱引起的，脾主四肢，脾胃虚弱就会造成四肢无力，精力不足。

然后我就对他说："小张啊，你这是脾胃虚弱引起的，我给你取点药回去吃，但这药物治疗只是辅助的，主要的治疗方法是锻炼，我给你说个既简单效果又好的方法，你记住，回去后多加锻炼就行了。"

甩手疗法

这个方法便是"甩手疗法"，具体步骤是两脚分开与肩同宽，双膝微屈，上身正直，脸朝前方，双手同时向后甩，手心朝后方向上，每次甩 5 ~ 10 分钟或重甩 100 下。

甩手的力量，可凭个人的体力斟酌。重甩的好处是运动的效果大，但隔天肩膀会酸痛，过几天才会习惯。轻甩的好处是做起来轻松，但必须甩久一点才有效果。

小张按照我给他说的方法天天做，前段时间来我住的小区修剪花圃，我们碰见后问他情况，他说自己现在不仅手上很有劲，胳膊也比以前结实了，这修剪花圃一直举着胳膊，手不停地握合也不觉着很累了。

手上有三阳经与三阴经，其气

脉畅通与否，与脾胃、大小肠的健康有很大的关系。因此，双手无力的人，可以断定此人脾胃、大小肠也不好。甩手的目的是将气血灌注于手臂、手掌、手指。其作用是畅通全手之经络气脉。甩手时可以双膝微屈，能够增加双腿的力量，使气血下注，发挥清气上升、浊气下降的妙用。

现在的人不是经常坐办公室守着电脑，就是长时间从事体力劳动，这样都会损耗内脏的气血，只是有些人轻些没有明显的症状。而一部分人出现双手无力，精神萎靡的情况，就是这些原因引起的。

坚持按照这个方法做，会很快改善这些症状。没病的人如此锻炼，也有强健体魄的作用，对身体只有好处。就像是一台水泵，工作时间长了难免会出现污垢堵塞的情况，如果把它洗刷清理一下，抽出来的水势必然迅猛。一样的，经常甩手，就是对手部甚至全身经络的"清洗"，经络顺畅了，手部供血供氧充足，自然就有劲了。

现在大部分人出现个小毛病就去医院取药吃，殊不知吃药虽然能治病，但是也是有坏处的，比如说会使身体产生抗药性，也会扰乱身体各项机能的平衡运作等。

所以，如果出现双手无力的情况，按照上边说的方法去锻炼，药物可以减半，甚至可以省略掉。对身体也好，又经济实惠，是明智人的选择。

告别坐骨神经痛，一身轻松

什么是坐骨神经痛？

很多人听到这个病名都会觉得迷茫，从字面意思很难理解。其实，坐骨神经痛是指坐骨神经受到伤害后，沿坐骨神经通路即腰、臀部、大腿后、小腿后外侧和足外侧发生的疼痛综合征。

本病多见于男性青壮年，近些年来尤其常见于办公室工作和使用电脑时间过长的人群。

小张，32岁，是一位办公室文员，经常坐在电脑旁边起草文件，一年前找到我说："我最近身体很不舒服，左侧臀部和大腿后都很疼，像刀割一样，咳嗽和用力的时候疼痛更严重，晚上睡觉时疼得就更厉害。"

我听了他的话，让他赶紧去做了个腰骶部CT，最终确定他这是多种综合因素引起的坐骨神经痛。这个病的主要治疗方法就是药物结合锻炼治疗，我给他开了少量的药物和膏药，并给他说了一个锻炼疗法。具体方法如下：

缓解坐骨神经痛锻炼法

腹肌锻炼：也就是仰卧起坐。每次做10个，每天3次（可根据患者的体质来定，不可逞强）。

交叉扭腰：两脚分开与肩宽，脚尖略微向内两臂伸直，一手在体侧，一手举过头顶。如果右手在上，先向左侧后方摆。左侧相反。与此同时腰部也随之扭动，左右各100次。

抱膝触胸：处于仰卧位，双膝屈曲，手抱住膝部，使尽量靠近胸部，然后放下，一上一下为一个动作，可持续30个。

腰背肌锻炼：处于平卧，双膝弯曲放在床上，然后用力将臀部抬起，离开床面10厘米。这时您会感觉到腰背部在用力，坚持5秒钟后放下臀部，反复10下。

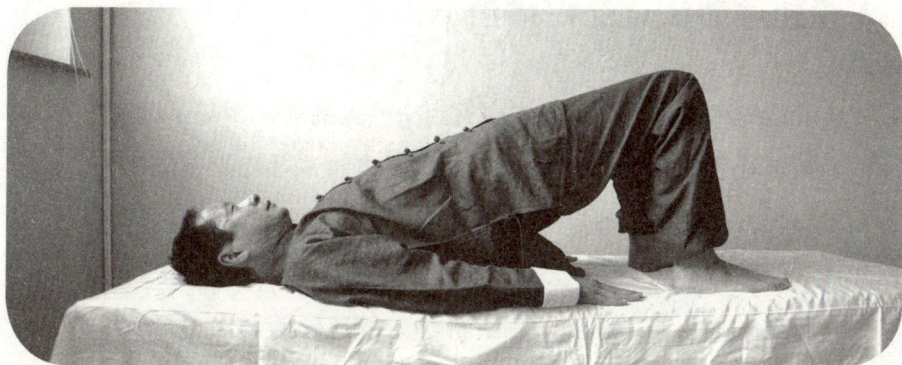

三个月后，小张来医院复查，再询问他情况时，他说自己现在已经没那么痛了，晚上睡觉也不会疼醒了。后来他也没有再用药，只是坚持上边的方法锻炼。前几天又来医院体检，结果显示他的病痊愈了。

目前，大部分人都将坐骨神经痛作为一种病来看待，其实这是不科学的。坐骨神经痛是一种由其他多种因素引起的症状，危害是非常大的。

此病发展到一定程度，患者会出现跛行，许多年轻的患者因为受不了周围人的嘲笑而心理压力增大，产生自卑心理，甚至有的患者会产生轻生的念头。

另外，坐骨神经痛的患者一般不能正常工作，这样使原本以患者为中心的家庭经济来源减少，在治疗此病的时候需要的费用也常常成为许多家庭的负担，许多家庭会因此而不堪重负。

事实上，大部分人的坐骨神经痛于拎举重物、扛抬重物、长时间的弯腰活动或摔跌后引发。因此，当需要进行突然的负重动作前，应预先活动腰部，尽量避免腰部"扭伤"，平时多进行强化腰肌肌力的锻炼，并改善潮湿的居住环境，常可降低本病的发病率。

如果不幸患上了此病，不要过于担心，不妨试试上边介绍的这个锻炼方法，我曾给很多坐骨神经痛的患者介绍过此方法，他们经过锻炼，预后通常是好的。

双腿运动法让筋疙瘩消下去

在我们的日常生活中，经常会见到一些人的腿部明显不同于正常人，他们的腿部血管突出，像蚯蚓一样，弯弯曲曲，看着都有点吓人。由于初期没有什么明显的不适状况，人们经常不当回事，事实上这是一种病，叫作静脉曲张。

静脉曲张是指由于血液淤滞、静脉管壁薄弱等因素，导致的静脉迂曲、扩张。身体多个部位的静脉均可发生曲张。

孙某是我们小区的保安，现在六十多岁，干保安这个行业有很多年了，前年来医院找我说："我这腿最近很不正常，血管肿了起来，别人说这是静脉曲张，让我来找你看看。"我听后，让他撩起裤腿看了看，他的情况确实是静脉曲张，这个病说大不大，说小也不小，它会使人常感酸沉、胀痛、易疲劳、乏力，还可能引起水肿、血栓性浅静脉炎、溃疡和出血。

这个病的主要治疗方法是手术剥除，但是代价大，不仅费用高，有时候还会出现手术并发症，孙某年纪不小了，也经不起折腾，考虑到这些，我给他说了一个锻炼治疗方法，这个方法包含几种不同的运动。

静脉曲张防治锻炼法

屈腿伸腿： 仰卧在床上，两胳膊放在体侧，两条腿先屈后伸，屈时两条大腿和身体成90度角，伸时尽量用力蹬直，如此反复20～30下，每天起床后及睡觉前各做一次；当然久坐的同时也可多活动脚踝部、多进行双腿交替屈伸。

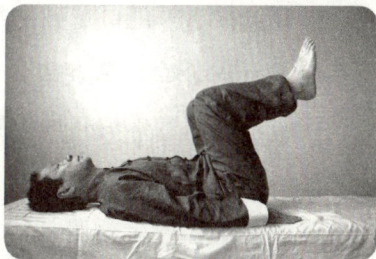

抬腿运动： 久坐者可在双腿下方放一个箱子，不时将双腿踩到箱子上，促进下肢静脉血液回流；还可以每小时做一组抬腿运动，即双腿交替抬起放下，每次要做20次。

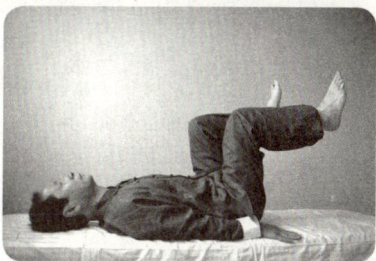

仰卧蹬腿： 仰卧在床上，两手扶住床，两腿上翘，好像骑自行车一样来回蹬腿，连续蹬30～50次。

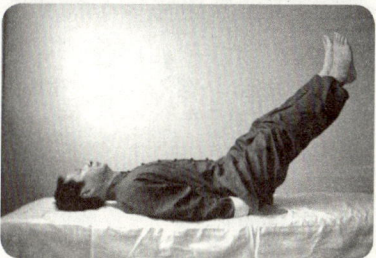

仰卧抬腿： 仰卧在床上，两手在体侧扶住床，两条腿尽量向上抬，抬上去后持续一两分钟放下，这样能改善肢端动静脉吻合处的血液循环，供给患肢更多的养料和氧气，每日早晚各做一次。

悬腿动腿： 坐在较高的床上，两小腿悬于床边，两腿相互做上、下、左、右运动。然后两脚脚趾进行屈伸练习，疲劳后将小腿放平，休息3分钟，每日早晚各做一次。

按摩腿脚： 坐在床上，两脚放在床上，两手用力按摩腿部、脚部，从膝关节一直按摩到脚尖，直到局部发红发热为止，每日早晚各做一次。

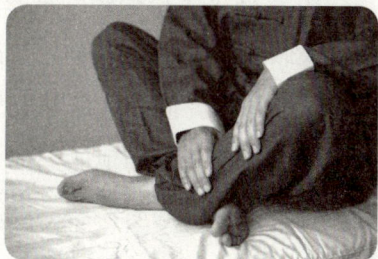

前些天在小区门口见到孙某时，他过来给我打招呼说自己的病好了，现在腿又有劲了，这个方法真是有效果。我笑了笑告诉他以后注意不要再长时间站立，这样更有利于病情的恢复，不容易复发。

静脉曲张发生的原因，主要是下肢表浅静脉血管内缺乏防止血液倒流的静脉瓣膜，或者瓣膜功能不全，或者静脉管壁先天发育薄弱，导致血液回流心脏受阻。

这就好比是生活污水排不出去会污染室内卫生一样，局部血液循环效率差，容易发生小腿部和足踝区皮肤的营养障碍。再加上长久站立或者经常受凉的诱因，导致下肢的血液倒流，使静脉淤血，而引起静脉迂曲扩张。

由于静脉曲张是一种常见病，各种报刊、媒体出现大量的有关该病治疗方法的宣传和广告，良莠不齐，不同的医生也会因为认识水平的不同做出不同的建议，其实上边介绍的方法就是个很好的选择。

在锻炼的同时，一定要注意休息，一次性锻炼的强度不能过大，同时避免长时间站立。另外，肥胖的人更应该注意，过重的力量压在腿上更有可能使腿部静脉回流不畅，引起静脉曲张、加重静脉曲张，所以说减肥是很有必要的。

矫正平板足，多用足趾抓地走

16岁的飞飞在妈妈的带领下找我看病，原来，刚上高一的他，军训的时候站军姿稍站立一会儿就感觉脚疼，不能像别的同学一样坚持很长时间。教官告诉他，这是平板足。我看了看飞飞的脚，确实是平板足。

我就告诉飞飞和他的妈妈，平板足也就是脚没有脚心，或者是虽然有脚心，但站立的时候脚心就塌下去了。对于正常的脚掌来讲，脚面很像一把弓箭，脚心往里弯曲的，这种巧妙的结构就像是弹簧一样，让人体落地时有一个缓冲震荡的区间。如果足弓遭到了破坏，那人体的负重能力就会降低，导致不能长时间走路或是跑不快、跳不高，站立时间长了足部就会疼痛。

因为这种脚掌的畸形非常微小，小时候很难让人察觉，家长也不会注意，只有长大后"用脚"多了才会发现。

飞飞也说，自己虽然个子比较高，但是打篮球、踢足球什么的都不太好，感觉没有别人反应那么快。现在明白了，原来是平板足引起的，自己的弹跳力出了问题。

飞飞的妈妈听了这些比较难以接受，她就问我有没有什么药物可以治疗，手术可以矫正吗，就算是花钱做手术也行。

我告诉她，平板足是小孩在身体尚未发育完全的时候，由于营养不足、站立时间过久、负重过多等原因而导致足部韧带和肌肉发生慢性劳损丧失弹性及韧性，造成足弓塌陷形成的，目前并没有什么药物可以治疗，不妨让飞飞先试一下功能锻炼。

矫正平板足的足趾抓地训练

赤脚在松软的垫子上，用足底的外侧着地，用足趾抓地行走，并练习足趾抓地连续向上跳动，每天坚持训练半个小时以上。

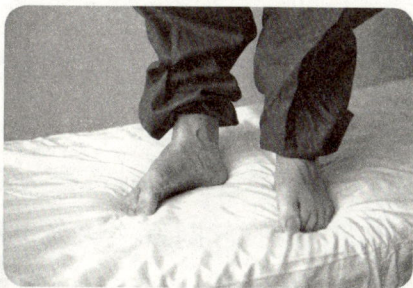

十几岁的孩子正是学东西的时候，做什么事都特别有毅力。飞飞用这个方法坚持锻炼了半年，平板足就改善了很多。再见面的时候，飞飞说，现在自己打篮球，踢足球都较以前有很大的进步。他的妈妈也跟我说，以前他的身体比较弱，现在好多了，整个冬天都没有生病。

这就是锻炼的好处，不仅免去了吃药之苦，还让人有个好身体，真是一举两得。

掌握勃氏运动，轻松治愈间歇性跛行

间歇性跛行是个医学术语，从字面意思来看就很好理解。在生活中这个病也比较常见，但很多人起初并不认为它是疾病。

有些老人总是阶段性地出现腿痛、腿麻，不能走远路，比如走500米就要歇上几分钟，待不适的症状消失后再继续前进。你若上去询问情况，他们就会摆摆手说："没事儿，没事儿，老了，腿脚不灵便了，歇一会就好了。"其实，像这种走走停停的情况十有八九就是间歇性跛行。

聂大爷是我一个朋友的父亲，听朋友说，聂大爷虽然70多岁了，但身体还算不错。今年正月十五的时候，一家人去公园看花灯，可聂大爷没走几步突然说左小腿有点疼，无奈只好坐下来休息，还好没过几分钟，聂大爷便说没事了，示意继续走。老人年纪大了，身体出现点小毛病这很正常，家人也没往心里去。谁知没过多久，聂大爷腿痛的症状越来越频繁，以前还能走个一千多米，到后来走一二百米下肢就感觉麻木无力，以至于经常跛行。在我的建议下，朋友带着聂大爷来医院进行了系统的检查。

原来，聂大爷是因为动脉硬化闭塞而引起了下肢动脉慢性缺血。我们知道，肌肉的活动是需要人体及时供给养料，而肌肉组织内的血液循环系统是营养运输的通道，当动脉管腔发生狭窄，供血量不足时，就不能满足肌肉的需求量，小腿肌肉就不堪重负，出现缺血、缺氧，代谢产物堆积，导致麻木疼痛。而休息时，肌肉在静止状态下不需要那么多的营养，所以就又恢复了正常。

知道了病因，我对聂大爷交代说："您老别担心，回家后以前的降压药该怎么吃就怎么吃，但是要外加一套锻炼方法。"

这套方法其实就是在临床上非常流行的勃氏（Buerger）运动，Buerger是一位奥地利病理学家，他是第一个准确描述血栓闭塞性脉管炎的医生，并发明了勃氏运动，用于改善全身血液循环和新陈代谢，增强各组织及器官的功能活动，提高和发展身体的代偿功能，使外周血流重新分配，增加缺血肌肉组织中的毛细血管数量，增加血流量，从而降低疼痛敏感性，减轻跛行症状。

勃氏（Buerger）运动锻炼

仰卧在床上，将两腿抬高 60°，保持 3 分钟；然后坐起，使小腿下垂于床边，持续 5 分钟；再仰卧，下肢平放于床上 5 分钟。每次练习 10 次，每天练习 3 ~ 5 次。

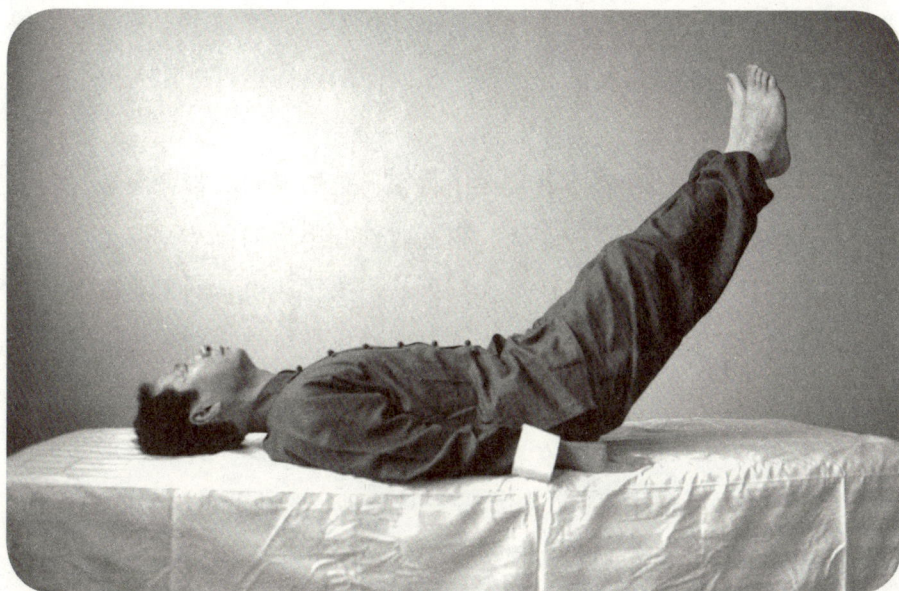

一个月后，朋友跟我汇报聂大爷的情况，他说父亲现在好多了，不但走的路程长了，犯病的频率也降低了。另外，通过这个运动，聂大爷的血压也降了不少，吃降压药的量也比以前少了一半儿。

值得注意的是，间歇性跛行早期只能靠患者自己发现，因为多发于老年人，所以很容易被患者忽视，认为是年老的原因。这里大家记住此病"一走就疼，不走不疼"的发病特点就行了，生活中大家一定要提高警惕，因为在发病初期勃氏运动可以发挥很好的作用，帮你省掉不少的时间和金钱。

足底筋膜炎，脚部锻炼是治疗关键

如果说烟酒是男人的嗜好，那么女人的嗜好似乎就是逛街了。逛街是女人与生俱来的天性，不需要培养，不需要引导，完全是下意识的。你若拉着她们出个远门，她们总是嫌累，但若让她们逛街，她们就是上蹿下跳一整天都不觉得疲惫。不过，当人们把对一件事物的"爱好"变成"嗜好"的时候，相应的这件事物也许就变成有害的了。吸烟酗酒使人易得癌症和心脑血管疾病，同理，长时间的逛街也可以让人患上足底筋膜炎。

苏女士清明放假在家待着实在闲得很，第二天和闺蜜一商量，两个人便跑到购物中心海淘了一整天，最后收获颇丰地回家了。但是，苏女士喜悦的心情还没持续多长时间，问题就出来了。次日到了上班时间，苏女士像往常一样准时起床，穿上拖鞋去洗刷，可是当脚步迈出第一步之后，苏女士"啊"的一声，脚后跟一阵钻心的麻痛直达心窝，身子瞬间失去平衡倒在了地上。苏女士仔细检查了自己的脚，并未发现哪里出现异常，于是她站起来再次试探，发现只要脚掌落地后承担身体的重力，脚后跟就疼痛难忍。最后没办法，苏女士跟公司请了假，在男友的陪伴下来到了医院。

接诊后，我详细了解了苏女士的发病原因，当时笑着对她说："像你这样的病例，我在门诊上最多的时候一周遇见七八个，不是什么大问题，就是长时间逛街引起了足底筋膜炎。"

苏女士不解地问："逛街也能逛出病，怎么我以前没出现过这种情况？"

我告诉她说："那当然了，像足底筋膜炎这个病最好发生在你们女性身上，因为长时间的行走导致足底的肌肉受到压迫，引起局部肌肉劳损，导致筋膜发炎。你之所以这次出现了状况，很可能是由于你近段的体质下降，或是走路的方式、鞋子的合适度出现问题造成的。"

苏女士点点头说："我想起来了，以前我出门喜欢穿运动鞋，而这次我却穿了个硌脚的厚底高跟鞋，逛的时候也不嫌累，就是当晚回家后脚又酸又胀。"

我说："鞋子不合适是最伤脚的，特别是鞋跟太硬的鞋子，行走时对足跟的压迫更为明显。我教你一套脚部锻炼方法，你抽空就做几遍，用不了多长时间就能自然康复。"

足底筋膜锻炼法

足底筋膜按摩运动：用大拇指上下按压脚掌前后端的足底筋膜，按压程度以感觉酸麻为宜，每天 2 ～ 3 次，每次 2 ～ 3 分钟。此按摩可舒缓筋膜紧绷，增进足底血液循环。

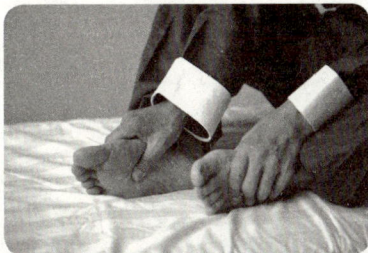

足底筋膜牵拉运动：一手固定脚跟，另一手握住脚趾，用力将脚趾往上板至筋膜有被拉扯感觉为止，每次拉扯后停留 10 秒钟再放松，重复 10 次。此动作可舒缓筋膜紧绷，增加筋膜弹性。

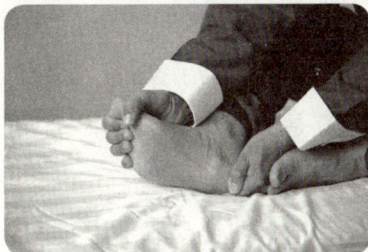

跟腱牵拉运动：双脚呈弓箭步姿势，双手扶于墙上，后脚整个脚掌需要完全着地，足底部有完全伸展的感觉，此动作停留 10 秒钟再放松，重复 10 次，每天做 2 ～ 3 次。

苏女士在我的指导下演练两遍后，我让她站起来再感觉一下足底有没有变化，她走了 2 步说："咦，确实不疼了。"

"看，效果很迅速嘛。"不过，我又对她说，"这种缓解是暂时的，足底筋膜炎是一种慢性病，你回家后要坚持锻炼，坚持治疗。最重要的是这一段时间注意不要走路太多。"

足底筋膜炎是运动引起的慢性损伤，最常见的原因是经常长时间走路包括登山健身、徒步旅行、逛商店等活动，连续走上几天，就很容易引起足底的慢性损伤，从而导致足底筋膜炎。所以，当你打算长时间徒步行走的时候，一定要为自己选一双舒适的鞋子，最好是鞋底柔软性高，吸震效果强，这样足底筋膜炎的情况就不会出现了。

要想治好腱鞘炎，还得靠锻炼

前段时间，老家里的一个亲戚添了一个小男孩，我回去道贺。热闹了一番过后，大家都坐在一起拉家常。其中一个邻居的大婶坐到我身边问道："我跟你问个病，我这手指头前些日子伸不直，还很疼，去咱县里的医院看了看，医生说是腱鞘炎，我就听他的做了手术，现在这又疼起来了，指头又伸不直了，看来这手术是失败了，你有什么好的办法啊？"

我听了笑了笑说："大婶，这手术没有失败，不过是这个病容易复发，就算是做了手术，如果不注意保养，也很容易复发。"

她听后"哦"了一声，并接着说："那怎么办啊，不能再去做一次手术吧。花钱受罪不说，还会再复发。"

我接着对她说："其实得了这个病，如果不是非常严重，锻炼是个不错的方法，非常有效，你这情况就可以自己锻炼。"

锻炼防治腱鞘炎

用温水洗手：养成劳作后用温水洗手的习惯，尽量少用冷水，空闲的时候就活动一下双手，伸伸握握，或者左右手相互捏捏揉揉等，均可。

旋转手腕：刺痛开始时，可以做些温和的手部运动以缓解疼痛。旋转手腕是简单的运动之一。转动手腕约2分钟。可以运动所有的腕肌肉，恢复血液循环，并消除手腕的弯曲姿势，此弯曲姿势常引起手腕痛等症状。

抬起手臂：抬起手，高过头部，一边旋转手臂一边旋转手腕。如此帮助你的肩膀、颈部、上背调整位置。

转动头颈：坐在椅子上，身体正直，旋转头部 2 分钟。向前及向后弯脖子，用头点两肩，扭一扭脖子，看左肩、看右肩。

定时运动：每天运动及松弛所有酸痛肌肉是很重要的，即使你未感觉疼痛。前面介绍过的局部运动，每天至少应练习 4 次。

将手抬高：当你休息时，避免使手低于肩膀。以桌面支撑手肘，或将手肘靠在椅把上。保持手朝上。这是有益的休息姿势。

握拳练习：轻轻握起拳头，然后张开，将手指伸直。如此反复练习有助于缓解刺痛。

避免手臂下垂：睡觉时，保持手臂靠近身体，且手腕不弯曲。假使让手垂在床边，将增加手的压力。

这些方法虽然看似简单，平常无奇，但是对治疗腱鞘炎效果很好。

上次回老家，见到那位大婶坐在大门外在绣东西，一针一线下得很是利落，看来腱鞘炎是痊愈了。

人的左右手都有 27 块骨头、24 条从前臂来的长肌腱和 19 块手内小肌肉、3 条主要神经，借助韧带、关节和皮肤连成一个整体，发挥手的重要功能。手部一些肌腱的外面包着一层纤维组织，称为腱鞘。它是保护肌腱的滑液鞘，具有维持手指的正常屈伸和肌腱滑动的功能。

当手部固定在一定位置作重复、过度活动时，会使肌腱和腱鞘之间发生反复摩擦，以致引起水肿、纤维性变，引起内腔狭窄。由于肌腱在腱鞘内活动时，通过的径道狭窄，从而出现疼痛和运动障碍，这就是腱鞘炎。

得了腱鞘炎，人的手就像是小木偶的手，变得非常僵硬，不会弯曲，甚至还不如小木偶的手，至少小木偶的手在人的操纵下还会弯曲。

现在手机和电脑基本上成了每个人的必需品，由于长时间的玩手机和电脑游戏，得此病的患者越来越多。患了此病真的是非常痛苦，它会让你梳头不成，拿筷子不成，拿笔写字不成，甚至上个厕所擦个手纸都不成，说起来难听，事实上真是这样。

所以，出现了这种病大家一定要早点行动起来，不能让它长期伤害我们。用上面介绍的方法来锻炼，能够改善并修复肌腱和腱鞘周围的组织，最终达到治愈腱鞘炎的效果。

坚持锻炼，告别网球肘

什么是网球肘？

很多人听到这个病名时都会很迷茫，压根对这个病没有一点认识，其实这个病在我们日常生活中很常见，西医称之为肱骨外上髁炎，可能这个名称还是不好理解，其实就是我们中医上所说的"伤筋""肘痛"。因网球运动员患此病者最为常见，所以称为"网球肘"。事实上，这只是对疾病的称谓，我治愈了很多网球肘患者，只有一个是打网球的，大多数还是劳动阶层。

此病是肘关节外侧前臂伸肌起点处肌腱发炎而引起疼痛，疼痛的产生多是由于前臂伸肌重复用力引起的慢性撕拉伤造成，患者会在用力抓握或提举物体时感到患部疼痛。家庭主妇、砖瓦工、木工等长期反复用力做肘部活动者易患此病。

张某已经 50 多岁，是一位搬运工，他两个月前就因为此病而找我，据他描述，几个月前无明显诱因出现右侧肘外侧疼痛，活动后疼痛加剧，伸肘、伸腕时更为明显，1 周前因开瓶盖过度用力引起疼痛加重，后来疼痛呈持续性，不能持重物、拧毛巾。

我听了他的描述，给他做了一系列的检查，他的压痛点在右肱桡关节间隙后外侧及伸腕肌肌腹，然后我让他去拍了 X 片，结果显示他的右侧肘关节骨质未见明显异常，最终确诊他所患的是轻度的网球肘。

此病的最佳治疗方法就是锻炼，可以舒筋活血，松解粘连，最终达到治愈的效果。然后，我教了他一种针对此病的专业锻炼方法，分为 5 个不同的步骤。

治疗网球肘锻炼法

坐在椅子上，前臂放在桌上，掌面向上，手和腕悬在桌边。握 0.5kg 重物在手上，通过屈和伸腕动作慢慢举起和放下手。反复 10 次，休息 1 分钟，然后再做两组以上。如果出现疼痛，应立即停止，第二天继续试做。当锻炼变得很容易时，可逐渐增加重量。

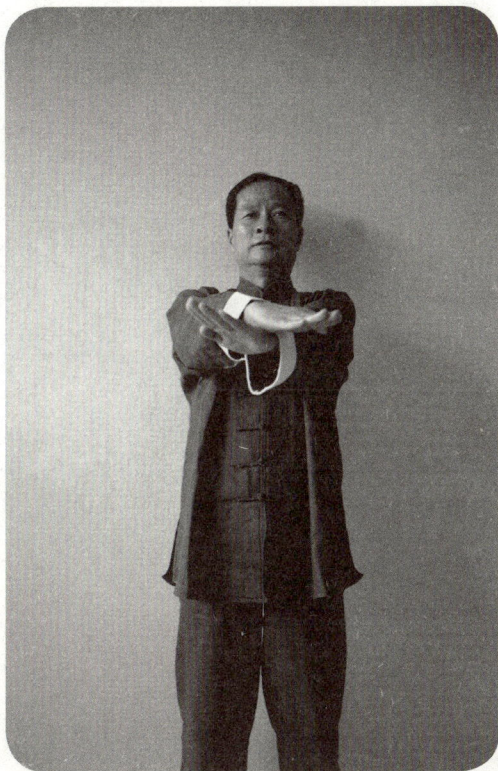

掌向上，握一根扫帚柄粗细的木棒，取 0.5kg 重物用绳系在上面，不断缠绕使重物上升，反复 20 次，如果出现疼痛应停止训练。逐渐增加重量，但不增加锻炼次数。

手中握一个软的海绵球轻捏，然后放松，每天重复数次。

双上肢伸展双手交叉放于前方，作屈伸肘运动。

站立，屈肘 90 度，上臂紧贴于两胸肋，双手握拳拇指在上，主动做前臂旋前旋后运动。反复多次，直到感觉疲劳。

张某在练习一周后局部疼痛缓解，右肘部恢复正常活动。又过了一个月来复查时，疼痛完全消失。

网球肘是过劳性综合征的典型例子。手腕伸展肌，特别是桡侧腕短伸肌，在进行手腕伸直及向桡侧用力时，张力十分大，容易出现肌肉筋骨连接处的部分纤维过度拉伸，形成轻微撕裂，进而发炎而引起此病。总的来说，胳膊用力过度的人易患此病，张某就是其中之一。

所以，大家在平时的生活、工作中，一定要注意不能过度使用自己的胳膊，特别是从事反复用力做肘部活动的人，这样能够降低网球肘的发病率。

但是，有些时候在我们不知情的情况下患上了此病，那就用上边所说的锻炼方法吧，既可以节省药物开支，又可以治愈疾病，抓紧试试吧。

第四篇

女人越锻炼越漂亮

丰胸运动让女人告别"飞机场"

　　拥有丰满挺拔的乳房是每个女人梦寐以求的事情，随之而来的丰胸产业如雨后春笋般层出不穷，商场、餐厅、公交站牌等公共场所，随处可见的丰胸广告似乎给人一种这样的错觉——做一次隆胸手术就像是吃一顿家常便饭一样平常。

　　其实隆胸手术并不像广告上吹嘘的那样完美，因为只要是手术就存在着风险，打比方说，现在流行的假体隆胸手术，如果植入乳房的液体硅胶发生破裂，硅胶油就会渗透到身体组织难以清除，对身体产生的伤害也无法逆转。另外，人工丰胸后的乳房总是给人一种"抱石头"的生硬感觉，中看不中用。

　　近年来，接二连三出现隆胸的医疗事故，也正在让广大爱美女士的丰胸选择慢慢趋于理性。

　　徐女士是一位爱美人士，对自己的胸部一直不太满意，闺蜜们劝她去做隆胸手术，但她因对手术的恐惧迟迟下不了决定。

　　我告诉她，丰胸何必要动刀子，女人丰胸和男人健身是一个道理，通过锻炼胸部肌肉，提高乳房支撑力的方法，也可以增强胸部皮肤的弹性，拥有傲人胸姿。于是，我告诉她一套有助于丰胸的运动方法。

丰胸运动锻炼方法

　　扩胸运动：静心直立，伸直背部肌肉，并且抬头挺胸，双手合十置于胸前。这时，撑开肘部，注意双肩不要摆动，始终保持让胸部用力。同时，手心发力，相互推压般缓慢地在胸部左右移动。每当手掌达

到中心位置时，就进行深呼吸，就这样左右交互10~20次。注意，这套动作的重点是胸部用力，而不是臂膀，不然达不到训练的效果。

　　集中运动：同样伸直背脊，抬头挺胸，这次用双手帮助胸部夹住一本厚度适中的书，然后撑开肘部，注意，这一步非常重要，此时要轮番吸气然后呼气，同时将手臂向前伸直，缓慢进行10次左右。

　　抬高运动：双手平举在肩膀两侧，双手手心向下，双臂向胸前位置交叉合掌，然后手臂伸直，向上抬高到头顶上方，一直到双臂能贴到耳侧，再缓慢向下放回到胸前位置。这样重复进行10次左右。

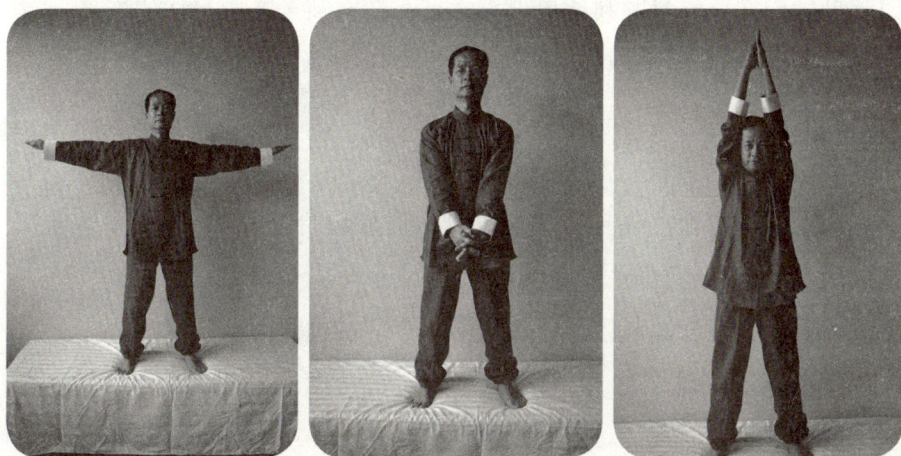

　　徐女士除了锻炼，平常还注意吃木瓜、鱼、肉及鲜奶等含丰富蛋白质，有利于健胸丰胸的食物。就这样徐女士坚持了近一年，原来的B罩杯不经意间变成了C罩杯，而且浑身上下散发着自然健康的美。

　　美丽总是要付出代价的，通过手术换取美丽付出的是健康的代价。而选择功能锻炼，你却能在付出汗水的同时，收获美丽和健康。

孕期运动助你轻松顺产

　　有人说，要做一位完美的女人就一定要生孩子，因为只有体会到分娩的痛苦才能理解母亲的含义。所以，即便是剖腹产技术非常成熟的今天，很多准妈妈们还是选择用自然分娩的方式迎接新生命的诞生。

但是，仅仅有勇气是不够的，自然分娩还是个体力活，孕妇们没有足够好的体质是 hold 不住的。

我有一个朋友，当初分娩的时候也是坚决选择顺产，但是顺产到一半没了力气，加上连续几小时的疼痛彻底打垮了她的信心，最后还是十分无奈地选择了剖腹产。

不过若是妈妈们从孕期就开始进行有助于分娩的功能锻炼，不仅可以帮助她们在分娩时顺利地生出小宝贝，还有利于产后身体的恢复。

我朋友的妻子小章怀孕期间曾专门向我请教过孕期锻炼的问题。我告诉她，孕期锻炼可以帮助改善盆腔充血和放松肌肉，增加腹肌、腰背肌和骨盆底肌的力量，有利于自然分娩。另外，适当、谨慎、有条理的孕期运动促进了血液循环，增加了母亲血液和胎儿血液的交换，对胎儿的健康也非常有益。

随后，我就为她制订了一套贯穿整个怀胎过程的运动方案。

孕期运动锻炼

怀孕前期

妇女在怀孕的前三个月妊娠反应比较严重，心情也比较烦闷急躁，如果待在家里不出去散散心，长时间会憋出来病。这个时候选择散步运动，可以在途中一边呼吸新鲜空气，一边观赏美丽风景，可以消除准妈妈们烦躁、郁闷的心情。另外散步过后，产生轻微的倦意，有助于夜晚的睡眠，提高睡眠质量。

怀孕中期

怀孕四个月后就是锻炼的关键阶段了。除了正常的步行外，还要注意锻炼以增强骨关节和腰部肌肉的柔韧度。

增强肩臂肌肉力量：盘腿或取舒适姿势坐在地毯上，面向前方；两手臂向上屈肘，两手五指并拢分别放在两肩上。两肘分别向前移动，然后两手的手指略弓，手腕稍加用力按压肩部。心里默数到 10，先深吸气再做呼气动作，两手恢复原状。

盘腿或取舒适姿势坐在地毯上，面向前方。左手臂屈肘并肘关节着地，右手臂向上举起，上身向左侧弯曲，同时右手臂向右伸展。心里默数到 10，先深吸气再做呼气动作，身体恢复原状；随后右手臂屈肘并肘关节着地，左手臂向上举起，上身向右侧弯曲，同时左手臂向左伸展。心里默数到 10，先深吸气再做呼气动作，身体恢复原状。

这一组运动中的每一个动作，可以重复做 10 次，要注意掌握节奏和疲劳程度。

增强臀腿肌肉力量：取舒适姿势端坐地毯上，两条手臂自然地放在身体两侧，两只手掌着地，面部朝下两腿向前平伸；然后稍稍屈膝弓腿，脚跟着地，脚趾向上用力翘起，保持放松，小腿、脚踝、脚趾用力。心里默数到 10，先深吸气再做呼气动作；

保持刚才的姿势，两腿向前平伸，脚跟着地，脚面向前，脚趾伸进。心里默数到 10，先深吸气再做呼气动作，可以使整个腿部、脚部受力，然后身体恢复原状。

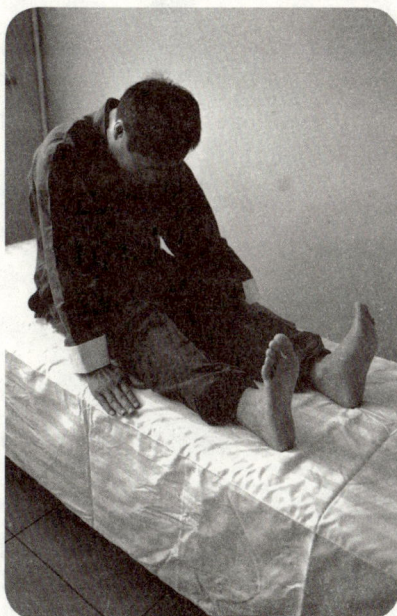

　　这一组运动中的每一个动作，可以重复做10次，注意动作要轻柔缓慢，转动身体要适度。

　　增强腰背肌肉力量：以舒适的姿势左侧卧在地毯上，右手臂自然地放在身上，左手臂屈肘向头部弯曲，并且把小臂枕于头下，左腿向下伸直，右腿向上屈膝并放在一个枕头上。以闭目养神的样子心里默数到10，先深吸气再做呼气动作。按照这个姿势，上身再向相反方向侧卧，做同样动作。将两条腿放松地跪在地毯上，向前弓腰，双臂下伸，两只手扶地，两条手臂与大腿平行，两条小腿着地。心里默数到10，先深吸气再做呼气动作，使身体重心移向两手和两膝。

　　保持刚才的姿势，孕妇将头慢慢地低下，让颈部用力地挺直。心里默数到10，先深吸气再做呼气动作，然后身体恢复原状，使背部受力。

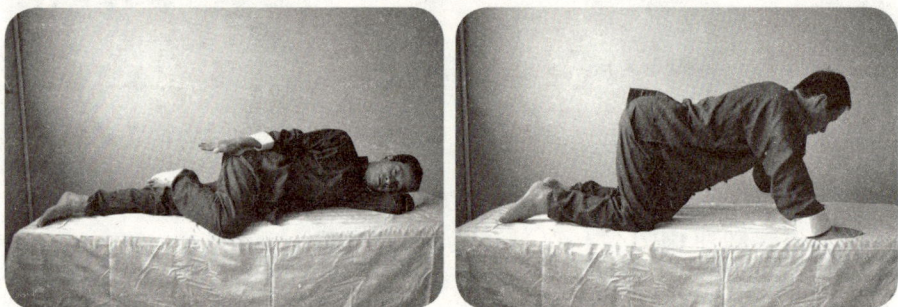

　　这一组运动中的每一个动作，可以重复做5～6次，一定要注意动作轻柔缓慢，充分放松腹部。

　　增强骨盆肌肉力量：以舒适姿势左侧卧在地毯上，上身抬起，左上臂着地并屈肘做支撑动作，左腿向内屈膝，右手臂自然地放在胸前，右腿抬起并向前伸直。心里默数到10，先深吸气再做呼气动作，身体恢复原状，增加大腿牵引力，使骨盆放松变得灵活。保持刚才的姿势，身体再转向相反方向侧卧，做同样的动作。

　　以舒适姿势侧卧在地毯上，右手臂平放在地毯上并伸直，头枕在臂上，右腿向前屈膝弓起，左手臂自然地放在胸前，屈肘并手掌着地，左腿抬起伸直，保持腿部肌肉的张力和弹性，并使骨盆得到活动。

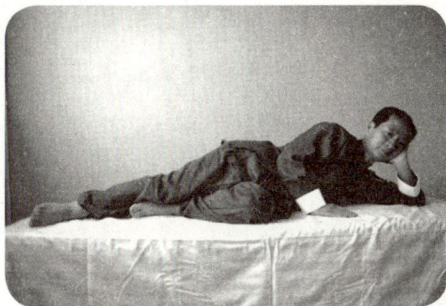

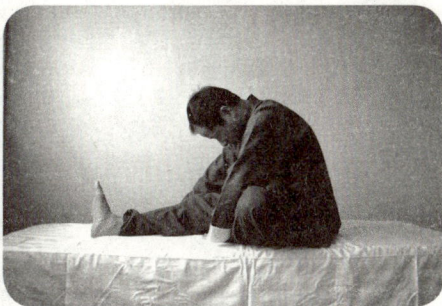

　　取舒适的姿势端坐地毯上，左腿屈膝盘起，右腿向前伸直，右手臂自然地放在身体旁边，左手臂自然地放在右腿旁边，弯腰并上身向前倾，头低下。心里默数到 10，先深吸气再做呼气动作，伸展脊柱，活动骨盆底肌肉和髋关节。保持刚才的姿势，两条腿交换位置，右腿屈膝盘起，左腿向前伸直，做同样的动作后，身体恢复原状。

怀孕晚期

　　这个阶段孕妇就应该减少运动频率，以休息为主了，因为这段时间是准妈妈们最疲累的时候，每周三次，每次运动 15～20 分钟就很理想了。活动方式也可以选用比较简单的类型，比如，晚上睡觉的时候在床上做骨盆扭转运动和腹式呼吸练习。

　　骨盆扭转运动：孕妇取仰卧位，左腿伸直，右腿向上屈膝，足后跟贴近臀部，然后，右膝缓缓倒向左腿，使腰扭转。接着，右膝再向外侧缓缓倒下，使右侧大腿贴近床面。如此左右交替练习，每晚临睡时各练习 3～5 分钟。

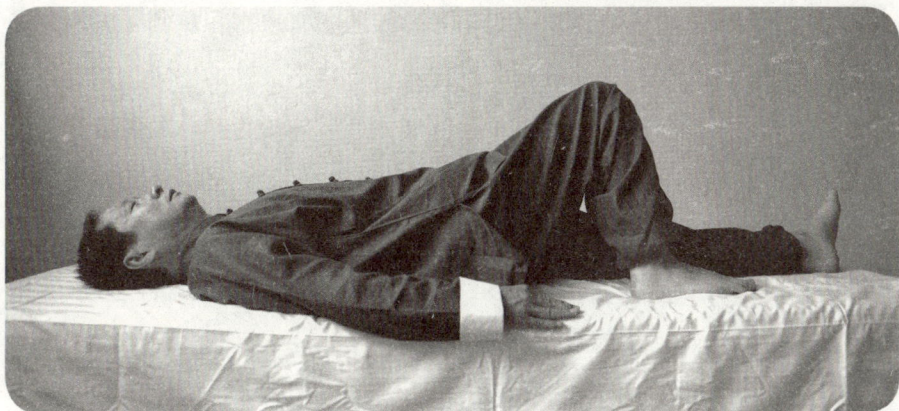

腹式呼吸练习：孕妇依旧取仰卧位，第一步用口吸气，同时使腹部鼓起；第二步再用口呼气，同时收缩腹部；第三步用口呼吸熟练后再用鼻吸气和呼气，使腹部鼓起和收缩；第四步在与呼吸节拍一致的音乐伴奏下做腹式呼吸练习。

总之，这些锻炼的目的，就是为了增加孕妇的腹肌、腰背肌和骨盆底肌的能力，有利于改善盆腔供血和放松肌肉，减轻分娩时的产道阻力，使准妈妈们能轻松顺利地分娩。

通过锻炼，小章在十月怀胎之后生下了一个七斤八两的孩子，当时亲戚朋友都非常吃惊，这么胖的孩子她居然都顺利生下来了。而且，自然分娩后小章的身体也恢复得很快，给家人和自己减少了不少麻烦。

自然分娩比剖腹产的出血量至少要少一半，不会造成产后贫血等症状。而且分娩时胎儿经过有规律的子宫收缩和产道的挤压，可以刺激胎儿呼吸中枢，有利于出生后建立正常呼吸。同时自然生产时出现的阵痛，可以分泌一种激素，这种激素不仅有利于催产，还能促进准妈妈们的乳汁分泌。所以，选择自然分娩可谓是好处多多，如果孕妇身体条件允许，我还是建议大家勇于选择自然分娩。

产后尿潴留，关键在于锻炼膀胱肌

高女士分娩后便一直排尿不畅，有时候明明有尿意，可到了厕所只是零星小雨般地滴几滴，有一种硬拳打棉花——使不上劲的感觉。我给她做了超声检查，发现膀胱里残余了不少尿液，最后确诊为产后尿潴留症。

尿潴留是妇女产后经常遇见的情况。由于产妇在分娩的过程中子宫很容易压迫到膀胱和盆腔神经丛，使膀胱肌麻痹，造成感觉神经迟缓，排尿无力。再加上生孩子本来就是个体力活，需要消耗大量体力，所以有些产妇自然分娩后不能正常排尿也是正常的，回去休息几天就好了。

高女士说，为了方便她平时排尿，出院前护士还给她插了留置尿管。

留置尿管就是把一个导尿管插入到膀胱中，帮助引出尿液，有了这个排尿管，每天只需要定时打开导尿开关就可以了，这样做也是为解高女士的一时之困。

后来，高女士来找我，因为已经过了十多天了，她还是老样子，这不又来医院了，天天带着留置尿管。

产后尿滞留正常情况下 3 ~ 5 天即可恢复正常，而高女士过了十多天尚不见好转，这显然是不正常的。我问她最近有没有自主排过尿。她回答说没有，并指着留置尿管说，这个东西很方便，我不需要自己主动排尿，只要隔一段时间打开阀门就可以了，自己在家坐月子一天都不用下床，现在连排尿都省了。

我听了立马告诫她说，产后尿潴留不能一"导"了之，留置尿管虽然能帮助你把尿排出来，但如果你自己不主动进行一些功能锻炼，那膀胱肌就越来越无力，那估计要带着它生活很长时间了。

她看了看自己拎着的导尿袋，自己也不好意思地说："我也不想天天带着它，医生你告诉我怎么样才能快速康复。"

我说很简单，只要通过功能锻炼，重新建立排尿机制就可以了。

排尿锻炼

首先是及时建立主动的排尿意识，就算是带着留置尿管也要配合有意识地排尿训练，保证每天隔 3 ~ 4 小时主动做一次排尿动作，就算没有尿意也要有意识地去做一下这些动作，这样能尽快重建大脑皮质对膀胱功能的控制，缩短康复时间。其次是锻炼膀胱逼尿肌和腹肌的收缩力，每天坚持缩肛运动，以改善盆底肌的松弛情况，平常不管躺着还是坐着，都可以缓慢收缩肛门和阴道。就像憋尿的感觉，尿道口周边全部用劲 1 ~ 2 秒，然后放松 1 ~ 2 秒。在一松一弛的过程中，同时紧闭肛门，这样慢慢地就能感觉到盆底肌在逐渐恢复起来。

按照我的锻炼要求，高女士四天后便拔掉了留置导尿管，完全可以自主排尿了。高女士感激地说："真是多亏遇见了你，不然还不知道要带着导尿袋多长时间呢。"

作为医生，我对留置尿管有清醒的认识。给膀胱插上引流导管，虽然解决了排不出尿的燃眉之急，但是它却违背了正常的排尿模式。大自然的一切都是有惰性机制的，而"有尿即流"则正好迎合了膀胱"懒惰"的天性，导致膀胱张力弱化，神经恢复的时间则大大延长。所以，产后尿潴留不能一"导"了之，适当的功能锻炼可以大大地缩短病程，使其快速康复。

乳头牵拉法让美丽重新绽放

咱们国家的父母有个不好的地方，那就是很少跟孩子谈论一些生理问题，但是处在青春期的孩子总是会遇见各种各样的烦恼，包括对自己身体变化的模糊不清。

20岁的乐乐是个大学生，个子非常高，我看着有一米七左右，人长得非常漂亮。她找到我，我问她怎么回事。她回答我说，自己的乳头不知道什么原因深陷在乳房里，非常奇怪。以前上初、高中住校，宿舍里就有女同学嘲笑她，说她这是不是有病。但是由于爸爸妈妈平时都对自己比较严厉，也不敢跟他们说起这个问题。自己在网上查了一下，网上说这种情况将来还会影响哺乳等，说得自己很害怕，所以这都成心病了，现在自己上大学了，也不敢谈恋爱。

我一听就明白了，这是乳头内陷症，非常常见。女孩子在青春期时，乳头就会发育凸起，正常乳头就像是长在乳房上的糖果，是健康和美丽的标志。如果，乳头并没有高出乳房皮肤，就是乳头内陷。

当然，也有一些家长虽然关心孩子，知道孩子有乳头内陷，但是有种错误的认识，认为这种情况可以不用理会，乳头以后会慢慢长出来，这种想法也是错误的。我说："乳头内陷跟乳头及乳晕内的平滑肌发育不良有很大关系，如果不借助外力治疗，自然是纠正不过来的。"

从生理学上来讲，乳头内陷根据深浅的程度可分成三度：一度为部分乳头内陷，乳头颈部存在，能轻易被挤出，挤出后乳头大小与常人相似；二度为乳头完全凹陷于乳晕之中，但可用手挤出乳头，乳头较正常小，多半无乳头颈部；三度为乳头完全埋在乳晕下方，无法使内陷乳头挤出。

然后我对乐乐说，回家可以试试乳头牵拉法。

乳头牵拉法

一手托乳房，另一手用拇指、食指、中指轻轻将内陷的乳头向外牵拉，注意牵拉的时候不可用力过度，以免乳头损伤。在牵拉同时用拇指或食指轻轻按摩乳头，每次做 5 ~ 10 分钟。每天早上、中午、晚上各做三次，牵拉之后，记得用温水清洗乳头。另外，治疗期间不要穿过紧的内衣，因为过紧的内衣会挤压到乳头。

我提醒她，这种方法比较慢，要有耐心，三个月以后再来复查一次吧。三个月以后，乐乐告诉我，乳头已经恢复了正常，对我连连称谢，说困扰自己七八年的心病终于解决了。

乳头内陷症是一种较常见的女性乳房畸形疾病，不但影响美观，而且对孩子今后的乳房健康也十分不利。它极易引起乳头、乳晕炎症和乳腺炎症等疾病，严重乳头内陷导致内陷皮肤黏膜化伴有湿疹。可出现出血、糜烂，形成慢性炎症。乳腺导管又与内陷处相通，炎症可向乳腺内扩散逆行性感染，引起乳腺炎。如果乳头内陷得不到及时纠正，炎症长期刺激，致使乳腺导管因慢性炎症而收缩，乳头内陷则更加严重，易形成恶性循环。

另外，乳头内陷确实会影响母乳喂养。不论乳头扁平还是内陷，势必影响婴儿的吸吮，使产后母乳喂养发生困难，或无法哺乳。另一方面，由于乳汁不能排出而造成积乳，可能造成乳房继发感染。所以，作为家长，一定要关心正处在青春期的女孩，留心一下此类问题，以免让孩子留下长久的心病。

腹部运动帮你围剿小肚腩

化妆能藏住女人的脸，可肚腩却骗不过男人的眼。

几乎所有的女人，都担心自己的腹部会沦为"米其林卡通轮胎"，女人在步入中年后，不经意间隆起的小肚腩总会让美丽大打折扣。

拥有平坦的小腹，不仅是性感的表现，更是健康的标志。因为，腹部隆起的肚腩，实际上是堆积在肚脐周围的赘肉，是身体脂肪过多的表现。

有位女性朋友，步入40岁后身体便开始发福，特别是小腹部位，简直成了脂肪堆积的重灾区。后来经过刻意锻炼，身体瘦下来了，但小肚腩还是没减下去。

她向我抱怨说自己天天洗衣做饭，累得腰酸背痛，活动量已经够多了，怎么小腹处的赘肉就不见少呢。

我开玩笑说，你是把脂肪当成定期存款存在肚子上了，想要把它取出来用了，只靠平常的运动方式是行不通的。体育锻炼主要是以有氧运动为主，通过中等运动强度、长时间有节奏地有氧运动，可以最大限度地消耗身体脂肪。如果对塑形还有要求，就需要对特别部位进行重点锻炼。而平常的家务活动，由于本身目的不是消耗脂肪，其锻炼的部位也不具体，所以根本达不到减去小肚腩的效果。

随后，我向她介绍了一个简单的腹部训练方法。

腹部训练法

取平卧姿势，双下肢并拢，利用腹部肌肉力量，同时抬起双下肢，尽最大努力让下肢与身体呈90度，坚持一会儿再平放，然后重复以上动作，通过腹部肌肉的运动，增加腹部脂肪的消耗。做这套动作，每次要坚持30分钟，因为，《美国健康指南》指出，每天运动30分钟，是理想的体力运动标准。

这个方法曾被广泛运用于产后妇女们快速减掉肚子赘肉，听医院的护士介绍，其效果还是非常明显的。

起初我这个朋友只能坚持做 10 分钟，不过越坚持体力越好，后来逐渐加大锻炼强度，每天能练习 1 个小时。三个月后竟然发现平常穿的裤子变大了，这可把她高兴坏了，到现在她依然保持着在睡前做腹部运动的习惯。

这个方法对付普通的小肚腩已经绰绰有余了，不过对过于肥胖的朋友，做的时候还可以再增加一些力道。操作者在保持下肢 90 度抬起的时候，身边的家属再进行腹部按摩。通过局部推拿治疗，可破坏腹部脂肪细胞，使甘油三酯渗入到血液。同时通过缓慢的有氧运动，逐渐消耗血液内的甘油三酯，这样可以加速脂肪的损耗。按摩的力道可以由轻到重，以患者自我感觉适度为宜。

没有丑女人，只有懒女人。想拥有完美身材，请有小肚腩的朋友们赶紧行动起来吧。

懒人三项锻炼法

工作的人一般认识同行会比较多一些，比如说，商人认识的商人比较多；记者认识的记者也比较多；大夫也是如此，认识的大夫会多一些。去年，一个妇科专业的大夫给我打电话，向我介绍了她自己的一个患者的情况。患者是盆腔炎，经她治疗已经一个月了，这个大夫采取的是比较普遍的抗生素联合用药，外加一些能促进盆腔局部血液循环的物理疗法。

这套治疗方案非常科学，对缓解这位患者的症状也取得了一定效果。但是，唯一令人遗憾的就是患者的盆腔炎症一直处在反复发作的状态，常常停药后没几天又开始复发。这个大夫问我有没有什么好的办法，我就让这个患者有空找我来看看。

经过详细地问诊，我终于找到了造成患者病情连绵不断的罪魁祸首——"懒"。

原来，这名患者是一位家庭主妇，平常大部分时间都窝在家里的沙发上或是躺在床上。特别是患了盆腔炎之后，身体常常感到乏力，精神不振，运动量就更少了。

功能锻炼是治病的良药，盆腔炎也不例外。适当进行身体锻炼，可以提高自身的抗病能力，使患者的盆腔脏器、卵巢功能，甚至是精神情绪，都得到极大的改善，有利于疾病康复。所以，我在这位大夫的治疗方案的基础上加了一套功能锻炼的方法。

懒人三项锻炼法

第一项：翻身运动。患者晚上入睡前，躺在床上做翻身运动，可以从仰卧到俯卧，再到仰卧，不停地重复即可。如果条件可以，也可加做前滚翻或后滚翻运动。运动次数和时间每个人量力而行，多多益善。

第二项：膝胸卧位。膝盖和胸部紧贴床上，两手向前伸直，臀部尽量抬高，以高于胸部为度。随后，抖动旋转臀部，每次坚持 10 秒，可逐渐延长时间。

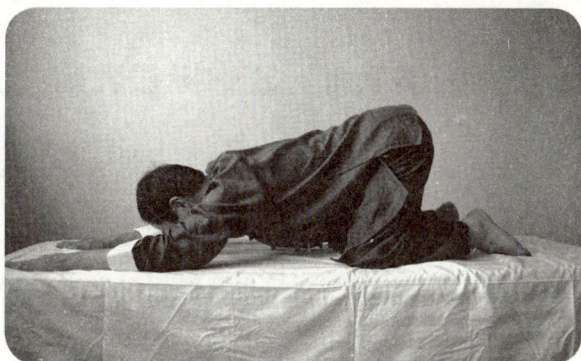

第三项：背墙倒立。同样是在卧室进行，双手撑地，双脚踩着墙一步步往上攀，直到身体垂直，坚持 5 ～ 10 分钟。这个动作一定要注意安全，不要受伤。

随后，我又鼓励这位患者平常要多做运动，告诉她生命在于运动，运动本身为人们指明了预防疾病、消除疲劳、获取健康长寿的重要途径，人生苦短犹如白驹过隙，珍惜生命自然离不开运动。

这三项运动的特点都是将臀部置于身体的高位，目的就是减轻盆腔内肠管对子宫、卵巢、输卵管、膀胱等的血管和神经压迫，改善盆腔脏器的微循环，促进盆腔炎症的吸收及相应神经功能的改善。这位患者听了我的运动指导，回家后非常认真地遵行锻炼，结果停药后便再没有复发过。

这个大夫听了我的诊疗过程对我也特别佩服，她说，原来自己给患者开的药都对，但就是缺了锻炼这个"药引子"啊。

其实，患盆腔炎的病人都有些不太爱运动，这是因为盆腔炎是一种器质性疾病，由于女性特殊的生理特征，患了盆腔炎的患者往往在身体受折磨的同时，还有严重的心理障碍，出现莫名的疲劳，从而感到抑郁而不想运动。而我推荐的"三项"锻炼方式，运动量都不大，而且都是睡前床上运动，非常适合不喜欢运动的盆腔炎患者。

告别胸部下垂，还你挺拔乳房

胸小有胸小的问题，胸大有胸大的烦恼，通常女性朋友们都会担心自己出现胸部下垂的情况，尤其是对于那些胸部丰满的女性，美丽的曲线本是女人最美的展现，然而乳房下垂会让女人们丧失光鲜靓丽。

乳房在合理情形下，尤其是年轻的妇女，乳头的水平位置是在乳房下皱襞之上，若位置在其下就是所谓的乳房下垂，下垂得越严重，位置就越低。

乳房下垂严重者，从心理上来说，由于乳房形态不美观，穿什么衣服都没有型，特别是夏季，参加聚会、派对什么的对心理是很大的打击，会影响到正常的家庭生活及社会工作；从生理上来说，由于一侧或两侧的乳房下垂较重，可致行动不便，颈肩部不适、肩膀酸疼。同时，两侧乳房皱褶处由于摩擦或温度过高会造成糜烂或湿疹。

所以，尽快让自己的乳房挺起来刻不容缓，可是拿什么来拯救你的乳房呢？

我这里有一个好方法，不妨一试。主要分三个步骤，这几个小动作可以提升胸部的组织，使胸部逐渐紧绷并且恢复乳房的挺立。

乳房挺拔锻炼法

第一步，跪坐在地板上，臀部和大腿压在小腿上，双手自然放松，搁在大腿上。

第二步，将手缓慢抬向身后，使双臂向后伸直，尽量到达脚后跟处，用手掌碰触脚跟。

　　第三步，双手交叉相握，使双臂在身后抬起，并尽量举向头顶，令上身向地面俯压下去，使胸部碰触到膝盖。

　　小刘前年生了小孩，经过几个月的哺乳，乳房下垂得很厉害，去年来找我咨询情况。我就给她推荐了这个方法，现在她的乳房明显挺起来了。

　　目前，治疗乳房下垂主流的方法还是手术，现在有很多医院都能做乳房矫正术，但是术后可能会出现乳房表面的明显疤痕，术后乳头感觉迟钝和不能哺乳的情况，所以想要靠做手术来治疗的患者一定要考虑到这些因素。

　　每个女人都想拥有坚挺健硕的乳房，但随着岁月的流逝，这一最能体现女性特征的"宝物"却渐渐松弛下垂，不再丰满挺拔。这让无数的女人伤心不已。但事实上，如果平时生活中对乳房多加呵护，改掉不良的生活习惯，坚持锻炼，还是可以尽量让乳房保持青春，延缓其下垂、衰老速度的。

　　上面的这套动作非常有效，只要能够坚持锻炼，就可以使自己的胸部慢慢提升，最终还你一个健康美丽的乳房。其实，乳房就像是橡皮筋，由于地心引力或是摇晃的原因，会造成它弹性和韧性的下降，进而出现下垂的现象。

通过锻炼，可以增加胸部组织的韧性，还你一个美丽挺拔的乳房。当然，此方法的好处还在于能够让你免受手术之苦，同时还能节省一笔可观的医药费。

最后，告诉各位女性朋友，在锻炼的同时，最好多吃一些蛋白质含量高的食物，同时要养成正常的作息习惯，熬夜、生活不规律会影响新陈代谢与血液循环，还会导致荷尔蒙混乱，影响乳房健康。

✦ 坚持锻炼，轻松告别副乳 ✦

副乳是很多女性都会面临的一个问题，即便你只有 A 罩杯的乳房，你也有可能拥有副乳，那么什么是副乳呢？

副乳是指人体除了正常的一对乳房之外出现的多余乳房，一般在腋前或者腋下，也有发生在胸部正常乳房的上下、腹部等部位。几乎一半以上的女性都有副乳的情况，只是很多人没意识到，如果不注意，会引起很多种乳腺疾病，甚至发生癌变。

所以赶快检查一下看看自己的腋下是不是多了这个不速之客，具体的检查方法是：观察自己的腋窝附近或正常乳房周围是否出现局部隆起或皮下肿物，肿物是否有酸胀感，特别是经期前。如果发现自己也有副乳的情况，要及时医治。

姜女士是一位身材很好的模特，去年来医院找到我说："我这腋下有两个肿起来的疙瘩，以前没注意，前段时间觉得这里有点痛，特别是月经前后更严重，这才发现的。"

我听后让她坐下抬起手臂，触诊了一下，发现疙瘩的质地较软，边界不清，而且可以捏起来，在绷紧的皮肤下可见有类似脂肪分叶状。然后我让她做了个红外线扫描，结果显示有灰度影像，最终确定她的肿物是副乳，疼痛也是由它引起的。

然后，我给她说了一个锻炼治疗副乳的方法。

锻炼副乳法

扩胸运动和手臂运动，利用胸大肌及手臂肌肉群收缩，带动改善副乳情况。每天早晚可按摩副乳，双手自然下垂，可看到腋下到胸部之间有内凹和外凸部分。内凹部分：中指和大拇指用适当的力量反复柔捏，左右各 30 下。凸出部分：用手握拳以指关节的力量，将突出的副乳由外向内推，左右各 30 下。

姜女士经过锻炼，现在一对副乳消失了，她对我说："现在不仅不会再受到疼痛的困扰，而且还更加漂亮了，真是一举两得。"

很多女性为了腋下的副乳而烦恼，甚至因此而自卑，比自卑更可怕的是很多女性对于副乳并没有一个科学的认识，一些女性听之任之，认为没什么大不了的，另一些则用一些错误的方法进行消除，结果导致副乳更加严重。

副乳切除术确实是很有效果的，但是患者要承受很大的疼痛，而且复发率较高，术后常常还会伴有血肿、感染及切口裂开等并发症，此外，也会留下丑陋的伤疤。另外，还有很多商家说自己生产的整形内衣可以消除副乳，而事实上，穿戴一段时间后，副乳的情况会更加严重。

总而言之，消除副乳的最佳方法还是进行正确的锻炼，只要能坚持上面方法，不久的明天你的副乳就会离你而去。坚持上面的锻炼方法，不仅治病，减少经济开支，还没有痛苦。

当然，保持愉悦的心情也很重要，好心情让人们的生活更轻松，抑郁只会让你徒增烦恼，甚至可能导致身体出现异常。在锻炼的时候别忘了常笑一笑，笑一笑十年少，当人大笑时，可令心血管系统加速运行，胸肌伸展，胸廓扩张，更加有利于副乳的康复治疗。

爱运动的女人不必担忧胸部外扩

女性的乳房不但是重要的身体特征，而且还是重要的审美对象。一位成年女性倘若没有一对丰满的乳房，纵使她拥有姣好的容颜和婀娜的身段，她的美感也会大打折扣。所以，女性会像爱护自己的脸蛋一样，精心呵护自己的乳房，这是毫无疑问的。但是有一种病症会使女人的美丽大打折扣，那就是乳房外扩。

乳房外扩使女性失去体型匀称的线条美，降低女性的美丽标准。绝大部分的产后女性的乳房都会因为生孩子哺乳而外扩，这是很正常的情况，但是往往有些女性嫌弃这样的乳房不好看，因此都希望寻求各种方法恢复乳房的挺拔和弹性。

有什么理想的方法呢？我还是教大家一个效果不错的锻炼方法。

防治胸部外扩锻炼法

第一步，双臂移到胸前，两个手掌合拢。

第二步，吸气，两掌用力紧压，使两个胳膊肘水平展开。

第三步，保持第二步的姿势，一边吐气一边努力挺直上身，使胸部感到有拉力，仿佛上身的前后和胸部被拉伸开的感觉，保持10秒后放松身体。反复5次，拢胸效果非常明显。

我的一位朋友就是用这个方法告别产后乳房外扩的。去年，小梁刚过哺乳期，就来找我要治疗乳房外扩的方法。

我听后对她说："锻炼是最好的方法，比吃什么药的效果都要好。"最后就给她说了上面的方法，她经过锻炼后，专程感谢我，说效果果然非常明显。

胸部外扩是指乳房向两边生长，不能形成乳沟，包括乳头外斜、两乳房间距过大。其实出现这种现象的主要原因有两个，对于未婚女士来说，应该是缺少对自己胸部的护理或者是穿戴胸罩的问题。其次就是睡姿不正确。而对于已婚女士出现胸部外扩的原因，大多数是生完孩子后，胸部由于喂乳而造成松弛，如果不注重保养的话就会出现外扩这种现象了。

现在网络上有很多治疗胸部下垂外扩的方法，有很多人倾向于隆胸手术，毕竟胸部外扩也有一部分原因是胸部的脂肪太少或者支撑力不够而造成的。所以出现胸部外扩怎样办呢？做隆胸手术啊！但是我不建议大家都去做手术，除非外扩的情况过于严重。因为第一，手术风险大，危险度太高；第二，手术并发症和后遗症太多，爱美的你绝对不会想面对这些问题的；第三，受罪花钱还添痛苦。

总而言之，对外扩不是很严重的人来说，最合适的治疗方法就是坚持上面的方法进行自身锻炼。这样不仅无痛苦，而且效果又好，定能使你的胸部不同程度地"挺"起来。

这个方法做的时候一定要认真，动作要到位，它就是像是在塑形，如果一个手工艺者在捏泥人的时候，粗心大意，松松垮垮，做出来的泥人肯定难看，而只要功夫到，泥人自然漂亮。

当然，平时的习惯也很重要，首先要纠正不良的睡眠姿势，养成良好的睡眠习惯，尽量不要俯卧侧卧，保持正常的平躺睡眠姿势。其次，一定要穿戴大小合适罩杯的内衣。另外，要保持愉快的心情，合理的膳食，其实女人就应该更好地注重自己的保养，才能更好地保养好自己的乳房。

不吃药也能治疗盆腔炎

盆腔只是一个不起眼的角落，可就是这样一个不起眼的角落里却藏着子宫、输卵管等关键"部件"，当许多人惶恐于这些关键部件发生病变引起不孕时，却不知道这个角落里还藏着一个不起眼的病变，那就是盆腔炎。

很多女性都得过盆腔炎，但是由于不了解盆腔炎有什么症状，因此不能及时发现自己的病症，耽误了最佳治疗时机。

它有什么症状呢？慢性盆腔炎的主要症状是发热，下腹疼痛，白带量多，呈脓性，还会伴有乏力，腰痛，月经失调。病情严重者，可表现为高热、寒战、头痛、食欲不振，出现恶心、呕吐、腹胀等消化系统症状。

去年夏天的一个周一，我刚上班，一位女士就来找我看病，她姓杨，32岁。她坐下后对我说："医生，我最近浑身没劲，腰酸背痛的，月经也是很不规律，你给我看看是怎么了。"

经过我的问诊和一些辅助检查，最终确诊她患的是盆腔炎，盆腔炎的一般治疗方法是吃药，但是西药对身体的副作用大，而纯粹的中医中药有活血化瘀作用，虽有一定的好处，但难以产生理想的效果。

我这里有一个很好的治疗方法，那就是简单的体操锻炼，能够达到标本兼治的效果，动作要点如下：

盆腔炎治疗体操

1. 端坐在床上，坐时臀部着座越少越好。双腿叉开，两手掌放在小腹处，轻轻按揉，同时做深呼吸，反复进行9～18次。

2. 在最后1次深呼吸时，随着呼气，上体前俯，头向下俯垂于两膝之间，同时两手紧按小腹，使腹压加大、横膈膜上升，将肺内的余气尽可能地呼出。

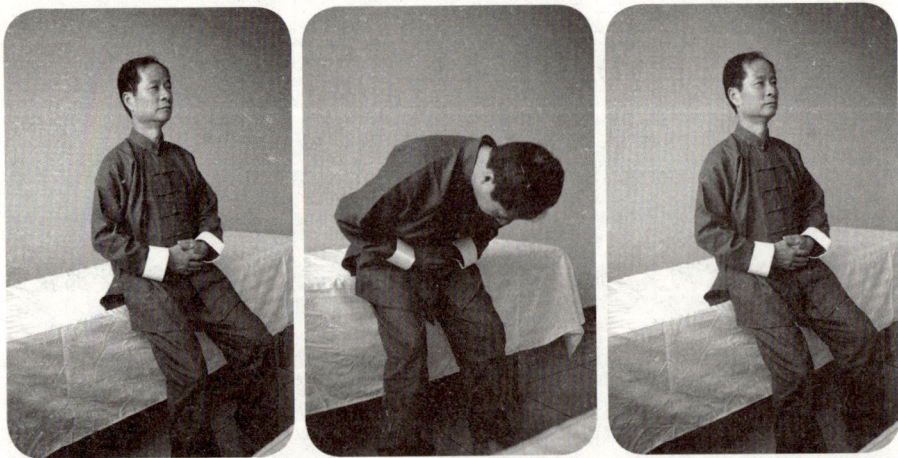

3. 两手放松，头要像小勺舀水一样引颈前伸，缓缓地深吸气，同时慢慢将身体抬起，恢复至端坐位时恰好将气吸满。

4. 端坐不动再呼一口气，同时俯身重复动作 2 次，尽量将余气排出体外，再重复动作 3 次，将气吸满。如此反复呼吸 7 ～ 14 次。

5. 取站立位，左右腿交替向上抬起 9 ～ 18 次，然后再反复下蹲 6 ～ 7 次。

杨女士按此方法练了 3 个月后，气色明显好多了，她自己也说腰酸背疼的情况也好了。上个星期来复查时，她告诉我现在月经也恢复正常了，经过检查，她的盆腔炎痊愈了。

上边的这个方法能够取得良好的效果，正是因为这套体操除了不能替代抗生素的直接杀菌作用外，几乎对其他问题都有一定的针对性的治疗作用，大部分用此方法治疗的患者应该有所体会。

很多人会认为只有生过孩子的人才会得盆腔炎，其实未婚的女性也会罹患此病，这主要是由于一些女性不注意经期卫生，经期下水田劳动或游泳，以及长期少量病菌不断侵入，久而久之就会形成慢性盆腔炎，这不仅增加了患者的身体痛苦还有可能影响生育功能。

因此，女性自幼应注意外阴部清洁卫生，青春期以后，当出现下腹痛或较明显的痛经，月经不正常或阴道白带异常时，应及时去医院检查，早期较轻的盆腔炎都是可以治愈的。

如果检查出来患有盆腔炎，也不要苦恼，上面的这个锻炼方法能够彻底解除你的病痛。只要能坚持锻炼，药物可以少吃，甚至不吃也可以取得好的效果。

产后强直性脊柱炎的锻炼方法

我爱人的朋友侯女士今年 3 月份临产后一直喊着腰骶部位总出现间歇性疼痛，如果在沙发上坐久了，第二天会感觉腰部十分僵硬，弯腰低头都十分不便。我让她来医院做了个 X 线检查，发现骶髂关节的关节面模糊不清，骨质腐蚀与致密增生交错，关节两侧出现斑点状硬化骨质，这是强直性脊柱炎的表现。

"强直性脊柱炎？这个病不是长期负重劳动的人才会得吗？"侯女士听了我的诊断结果后不解地问。

我解释说："这可能跟你前一段生产有很大关系。女性妊娠期间卵巢及胎盘能分泌多种肽类激素，这些激素会引起骨盆相关韧带的松弛，使支持骶髂关节及腰骶关节的韧带处于松弛状态，如果产后过早下床劳作，腰骶部外伤可阻碍骨盆组织复原，较易产生骶髂关节错位，腰骶不稳，加之感染就更容易诱发强直性脊柱炎。"

侯女士听了点点头说："听你这么一说，确实是这样。我是个闲不住的人，产后没几天便独自下床活动，有次散步的时候还不小心闪到了腰。"

我说："女性产后是身体最虚弱，抵抗力最低的时候，这段时候最容易引起强直性脊柱炎。"

最后她问："听你讲得这么透彻，我想你一定治过不少类似的病，像我这种情况该吃什么药呢？"

我想了想对她说："这个病目前并没有合适的治疗药物，主要是缓解疼痛用的。中医有句话叫'痹者，闭也'，意思是肢体活动受阻多是因为气血闭阻，而使全身气血畅通的方法就是体育锻炼，所以运动疗法是治疗此病的主要方法。"

于是，我便将临床上针对强直性脊柱炎应用比较广泛的锻炼方法告诉了侯女士。

强直性脊柱炎的锻炼法

1．弯膝平躺，双脚平放，臀部向上尽可能抬高。抬高后保持 5 秒，然后慢慢放平。

2．双臂上伸，十指交叉，双臂尽量向右摇摆，同时双膝尽量向左摇摆，然后同样的动作反向再做一次。

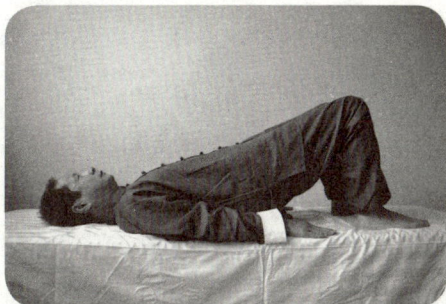

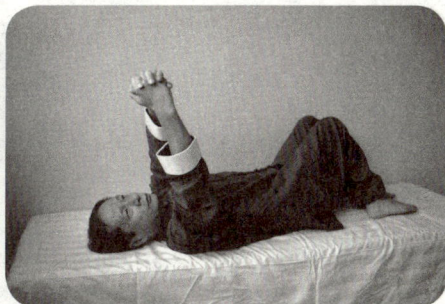

3.抬头下巴往下钩，双手伸向膝盖，头和肩尽可能抬高，然后放松。同时双手向右侧外膝伸展。然后放松，再反向向左膝外侧伸展一次。

4.屈膝着地，双手撑地，双臂保持垂直，头向下勾，尽可能高地往上弓背。然后抬头，再尽可能往下压背。

5.保持上述姿势不变，屈膝着地，双手撑地，昂首向前，然后右臂前伸，同时左腿尽量向后伸展，抬起，保持5秒。复原，换左臂，相同动作再做一次。

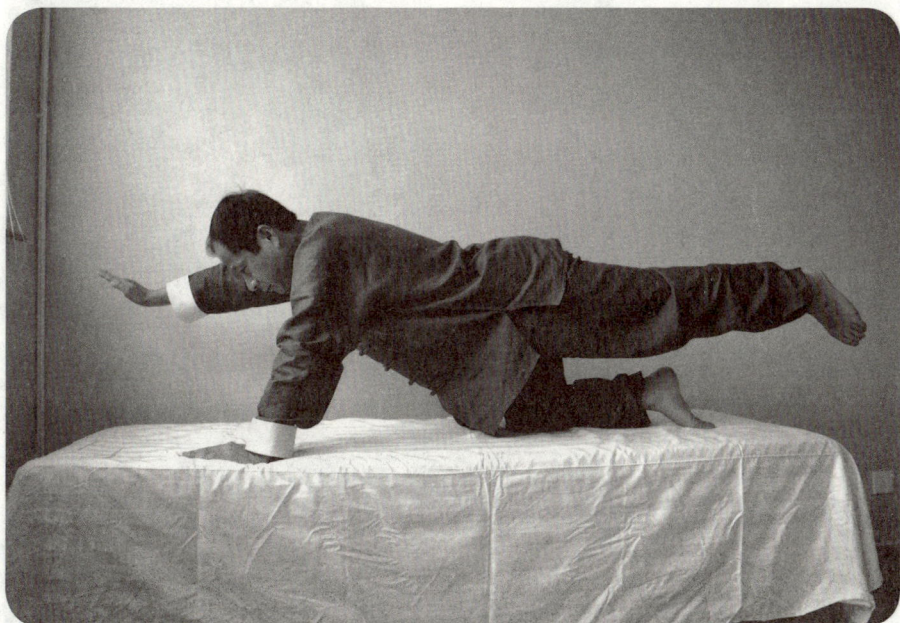

6.取一把适合的椅子坐下，双脚勾住椅子腿，左手抓住椅背，身体尽可能向右倾斜，同时右手伸向地面。然后反向做该动作。

7.双手扶住椅边，肩膀不要动，头尽可能向右转，然后复原，之后相反方向再做一次。

8.面对椅子站好，椅子上可以放个垫子，脚跟朝下右脚放在椅面上，膝盖不要弯，身体尽可能向前倾，双手朝脚的方向伸展，保持6秒。然后复原再重复2次。每次伸展幅度尽可能大一些。然后左脚放在椅面上重复做该动作。

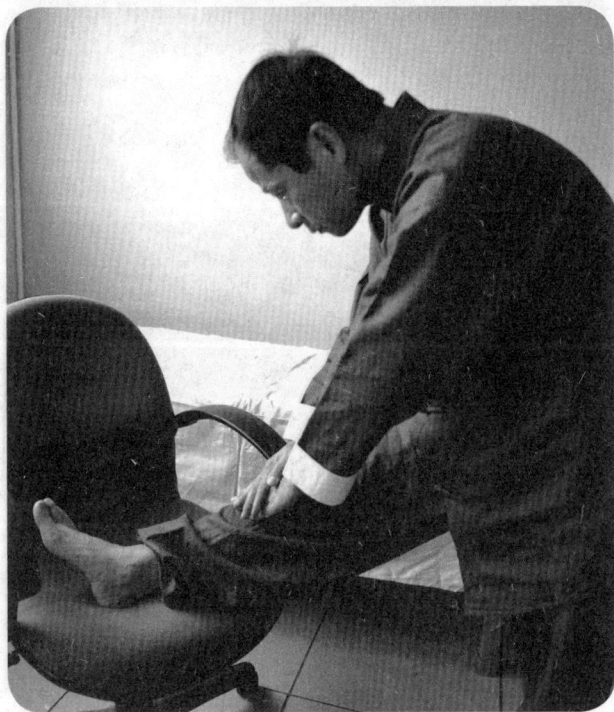

9.站在椅子侧边，右手抓住椅背，弯膝右脚放在椅子上，然后左脚尽可能向前迈，双手向后背起来，同时左膝尽可能向前弯曲，注意保持昂首挺胸。然后站在椅子的另一边，反方向重复该动作。

10.最后背靠着墙站好，脚后跟距墙尽可能近一些，目视前方，两肩自然下垂。然后脚后跟不要抬起，身体尽可能向上伸展，保持姿势，右手臂伸直，尽量向上伸展，上臂靠近耳朵，拇指对着墙。然后左臂再做一次。

这个方法包含 10 个动作，虽然看起来有点繁杂，但每个动作都不难，操作起来也非常简便，最重要的是，加强肌肉锻炼，强而有力的背部肌肉，可使脊柱力量平衡防止腰背部软组织损伤，对治疗强直性脊柱炎非常有效。

最后，我对侯女士交代说："伤筋动骨一百天，骨头上的病是最难好的，所以你要有打持久战的准备，凡事都贵在坚持。另外，一次运动量不宜过大、用力过猛，必须循序渐进。"

经过一个多月长期不懈的坚持，侯女士的症状终于得到缓解，目前消炎药和止痛药都已经停止服用了。而且，除了这套常规的功能锻炼，她每周还坚持游泳 1 到 2 次，效果也非常不错。

女性在怀孕和生产后生理会发生很大的变化，特别是对于一些剖腹产的女性，只要技术、设备、消毒、缝合等一系列操作的任何一个环节没有注意都会造成感染，引起机体内环境变化，诱发强直性脊柱炎。因此，若产后 3 个月腰骶部呈进展性脊柱痛，且伴有晨僵及骶髂关节、脊柱炎症性体征，就要考虑是否患有强直性脊柱炎了，应及时确诊治疗。

子宫下垂要加强盆底肌肉锻炼

子宫下垂是指子宫脱离正常位置，下降到阴道里边甚至完全脱出阴道之外的疾病，属于脏器下垂的一种。引起子宫下垂的原因主要是身体虚弱造成支持子宫的骨盆腔底部肌群失去张力，子宫韧带力量萎缩。所以，妇女在分娩后如果没能充分休养，则患此病的概率就会大大增加，据统计产后 40 天内就开始劳动而引起子宫下垂的病例数约占子宫下垂总数的 81.04%。

邹女士老家是农村的，农村人生孩子不那么讲究，邹女士生第一胎的时候还老老实实地做坐完了月子，等到生第二胎的时候已是轻车熟路，产后只休息了几天便开始下床操起了农活。结果，一个月后突然感觉下阴坠胀、腰酸无力，时有恶心呕吐、神疲乏力的症状。来医院做了个阴道镜检查，发现是子宫下垂。

子宫下垂根据子宫体下降的程度分为三期，一期宫颈口位于坐骨棘和阴道口之间，阴道检查时宫颈口在距阴道口 4cm 以内。二期时宫颈已脱出阴道口之外，而子宫体或部分子宫体仍在阴道内，轻者仅宫颈脱出阴道口外，重者可因宫颈延长，以致延长的宫颈及阴道壁全部脱出阴道口外。三期则是整个子宫体与宫颈以及全部阴道前壁及部分阴道后壁均翻脱出阴道口外。

一期是始发阶段，症状较轻，治疗起来也比较简单。而二期以上下垂者若保守治疗无效，便要考虑手术治疗。

经过影像学检查，邹女士目前仍处于一期阶段。于是，我对她说："子宫下垂是妇女常见病，既然是常见病，治疗上自然也不会困难，你的病还处于初期阶段，不需要吃药，也不需要开刀，我教你一套盆底肌肉锻炼的方法，每天2遍，不日子宫便可恢复原位。"

盆底肌肉锻炼法

掌根按腹：将自己的手掌根部置于小腹部，先将拇指与其余四指相对，拿捏小腹部肌肉20~30次。再稍用力下按，自耻骨联合处开始向上推按直至肚脐，反复10余次。再将手掌根部置于小腹部，稍向下按，然后向上边推边按摩小腹部3分钟。

缩肛抬臀：取仰卧位，上肢平放头前，收缩腹肌和肛门括约肌，用力使盆底肌肉收缩放松，使肛门向上提起，收缩数秒后放松，反复做多次。然后屈膝、躬身，臀部上抬后再下降，重复多次，最后保持抬臀姿势片刻。

整个运动每次10～15分钟，每天做2～3次，可以加强盆底肌肉和筋膜张力，促进盆底功能恢复。

人体就像是一个储物柜，我们的心、肝、脾、肺、肾等脏器就像是一个个物件，规整有序地摆放在合理的位置，但是如果有一天固定物架的螺丝松了，物架就会倾斜、散落，而柜子上东西就有掉落的危险，这个时候最好的办法就是找扳手把螺丝拧紧。而盆底肌肉、筋膜、韧带等就是固定子宫的螺丝，功能锻炼就是最好的扳手。邹女士的体质本来基础就好，她按这个方法只做了两个星期，身体便康复了。

女性40岁之后身体就开始走下坡路，卵巢功能衰退，雌激素水平低下，使盆底组织及子宫的悬吊装置变得薄弱，张力减退，这期间最容易发生子宫下垂，所以我建议女性在步入更年期后要十分注意自身保健，多喝水，多吃水果、蔬菜，摄取核果、种子、谷类等有益身体健康的食物。

患了轻度妊娠高血压，先别急着吃药

前几日，有位朋友的儿媳，也是一位年轻的孕妇来找我，她怀孕已有四五个月，之前做围产保健并未检查出身体存在异常，但最近一段时间患者却不时出现头晕、头痛症状，休息之后仍不能缓解。

我听了她的主诉，便问她最近量过血压没有？引起头晕、头痛的原因很多，其中高血压就是最常见、最主要的导火索之一。

她回答说没有，于是我示意她伸出胳膊测量下血压。经过测量，发现患者舒张压 100mmHg，收缩压 140mmHg，低压和高压均超过正常值 20mmHg 左右。很明显她之所以出现头晕乏力、胸闷恶心，就是因为血压出现了异常。

她一听自己血压高非常紧张，毕竟肚子里还有另一条生命，急忙问我这个病严重不严重。我告诉她，妊娠期高血压是妊娠期所特有的疾病，临床上比较常见。人体正常妊娠的维持，有赖于胎儿母体间免疫平衡的建立与稳定。这种免疫平衡一旦失调，即可导致一系列血管内皮细胞病变，从而诱发妊高症。不过像她这种情况，高压尚未超过 140mmHg，属于轻度妊高症，治疗并不困难。

随后，她又问需不需要吃降压药。妊娠期间生了病，准妈妈们对用药都十分敏感，生怕药物对胎儿产生影响。确实，正常人患了高血压，医生开一瓶降压药就能解决问题，但是，对于妊娠期间患了高血压，大夫就会再三掂量，不到万不得已不会采用药物治疗。

我告诉她说，你的症状较轻，发现也比较早，先不急着吃药。健康的生活方式和运动有利于控制血压，你不妨先试一试运动疗法。当然，适合怀孕妇女运动的方法很有限，我们要选一些适度的、轻缓的，这样既能降低血压，也不至于过于劳累伤了胎气。

运动方法

按摩头面: 两手擦热,擦面数次,然后自额前两侧颞部向后至枕部,再沿颈部向下分按两肩再转至额前,再向下按摩至胸部,反复按摩20次左右。

甩手: 自然站立,两臂前后自然放松摇动100～200次。

按摩肚脐: 用双手掌心交替轻摩肚脐,因肚脐上下有神阙、关元、气海、丹田、中脘等穴位,轻摩有降压作用也可辅助治疗中风。

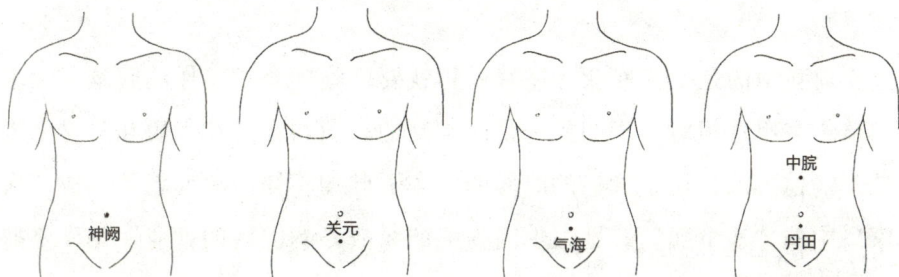

伸展四肢: 两脚和两手做伸屈运动,然后两腿慢慢下蹲成全蹲,两臂上提,反复做5～10次。

平举运动: 两脚自然开立,右臂前举,左臂侧举,然后左臂经下向外绕环至前举,右臂经下向内绕环至侧举,右臂和左臂重复上述动作,连做5～10次。

蹬摩脚心: 仰卧以双足跟交替蹬摩脚心,使脚心感到温热。因脚心有涌泉穴,被称之为"第二心脏"。蹬摩脚心后可使全身血液循环通畅,有舒体强身、疏通经络等功效。除了运动,平常就是注意饮食和休息,尽量少吃或不吃糖果、点心、甜饮料、油炸食品及高脂食品,适当减轻工作量,保证充分睡眠。

对于轻度妊高症患者药物治疗虽不可取，但并不意味着不能用药，有些患者通过运动治疗并不能缓解，这时就需要在专业医生的指导下进行药物治疗，以防止病情进一步发展，血压持续升高。所以，如果一些轻度妊高症患者在采取了上述办法后，并不能有效控制血压便要及时前往医院就诊，进行专业治疗。

修长美腿锻炼出来

莉莉学的是空乘专业，还有一年就要面临毕业找工作的问题。大家知道，空姐选拔对体型的要求是非常高的。莉莉本来在气质和身材上都是不输他人的，可是大三的时候两个小腿肚却不知何故变粗了，成了大家口中的"萝卜腿"。她很怕因为腿的缘故影响以后的就业，每天坚持运动减肥，可是身子越来越瘦，腿还是老样子，没办法只好来医院咨询医生。

我一看她的腿型，就告诉她这是水肿型萝卜腿。根据形成原因，腿可以分为肌肉型萝卜腿、脂肪型萝卜腿和水肿型萝卜腿。

肌肉型萝卜腿通常在小腿有一块又大又硬的肌肉，多是由于运动过度所造成，常见于喜欢运动的女性，由于长期做跳跃或踮脚尖的动作，过度使用小腿后侧的腓肠肌，而僵硬变大。脂肪型萝卜腿则是因为肥胖，需要控制饮食和运动瘦身。而水肿型萝卜腿则是因为浮肿，和身体其他部位浮肿一样，女性因睡眠不足、情绪不佳、疲劳过度等原因，导致淋巴液停滞、淤阻及组织液流动不顺畅，组织血管外大量水分聚集，从而出现小腿浮肿，影响美观。这种情况，只通过减肥是解决不了问题的，必须通过正确的功能锻炼，将腿部的水液排出去。

萝卜腿（水肿型）的锻炼法

身体端坐在舒适的椅子上，腰背挺直，抬头挺胸，肩膀后张，大约坐在椅子的三分之二处，背部不可靠在椅背上。双腿放平，大腿与地面平行，脚跟微微离开地面。随后，双手自然放于双腿膝盖，腰背仍然保持挺直，右腿不动，将左腿慢慢向上抬起，用双手抱着左腿膝盖，脚面绷直，小腿绷紧。背部微微向后倾，左小腿慢慢向前伸直，双手慢慢从膝盖移至脚踝处，如果握不到脚踝，也可放在小腿处，停留片刻后再恢复端坐姿势。最后，再换另一条腿重复运动。

在几种腿部肥胖类型中，水肿型小腿是最常见的，也是最容易减下来的。莉莉按我这个办法坚持做了三个月，终于在毕业应聘之前成功塑型美腿。

娉娉婷婷，风仪玉立，拥有一双修长美腿是每个女人的渴望。炎炎夏日是女性展示曼妙身姿的好时机，可那些对自己腿型不自信的姑娘们却只能羞怯地藏在裙裾后边。不过美腿并非天成，后天的锻炼塑造才是关键，上帝给每个女人一块璞玉，但大家一定要坚信刻刀掌握在自己手中，只要通过努力就一定能塑造完美腿型。

掌握技巧，瘦脸变简单

看人先看脸，脸是一个人的门面。脸太胖会给人一种愚钝的感觉，也让女生失去独特的魅力。在医院的中医美容门诊上，有很多咨询如何瘦脸的患者，她们虽然能通过体育锻炼给身体减负，但无法摆脱"包子脸"的困扰。

我也时常接触到一些爱美人士，她们本身并无治疗疾病的需要，但却有通过医学指导提高生活质量的需求。对于这类人我也同样把她们作为患者看待，毕竟现代健康观早已不只是简单的无病，而是身体、精神和社会适应各方面均处于完好状态。

靳女士就是我早年接诊的这样一位患者。靳女士之前体型偏胖，后来为了结婚找对象开始努力减肥，最终将身材保持在非常匀称的状态。虽然体重减下来，脸型还是没小，肉嘟嘟的脸蛋和纤细的身材很不成比例，靳女士对此很不甘心。可是再瘦就剩下骨头了，难倒真如大家所说的瘦身容易瘦脸难？

我得知了靳女士的想法，笑着告诉她，在我看来，瘦脸和瘦身一样，都是减去身体上多余的脂肪和水分，只要患者不受限于天生骨架形状，掌握正确的技巧，通过锻炼把脸瘦下来并非难事。

我观察靳女士的颧骨并不很凸出，便对她说，你这是脂肪性脸胖，是脂肪堆积造成的，只要通过运动把皮下脂肪燃烧掉就可以了。

靳女士说，我每天晚上固定长跑 5000 米，运动量并不低，脸也不见瘦下来。

我说，脸部之所以不好减就是因为活动有限，你虽然每天跑步健身，但脸部并未参与呀，消耗的能量自然有限。想要瘦脸，就要有的放矢，采取专门脸部运动的锻炼方法。具体方法是：

脸部运动锻炼法

从鼻子横梁两侧开始，经过鼻翼，以画圆弧方式向上拉到鬓角的部位，再从鬓角开始向额头中心运动。做法为伸展轻压。

从内眼角开始，经过额头慢慢移向鬓角，再经颊骨的上方向鼻子两侧做伸展按压的运动。

从嘴唇下方开始，向耳朵下方，再到下巴后重复按摩。

从鼻翼旁开始，通过鼻子的横梁后向额头运动，再经过鬓角向下巴处伸展。

从下巴开始，经过耳根和鬓角，向额头方向，再经过鼻子两侧直到嘴边，以抚摸按压的方式进行。

靳女士每日按着这套锻炼方法操作 3 ~ 5 次，起初效果不明显，但时间长了脸上的肉渐渐变少了，朋友都说她脸变小了。现在，靳女士的脸蛋虽然离俊俏清瘦还存在差距，但和一年前比较已经是判若两人。

人脸胖有些是因为肥胖，有些是因为浮肿，还有些因为是先天骨架比较宽大。先天的只能通过削骨手术，但因肥胖和浮肿造成的脸胖，大可不必动刀子，只要坚持不懈地做脸部锻炼，就能成功把脸上多余的脂肪和水分排出去，使瘦脸变得简单。

"嘘"字功调理女性内分泌

人体内分泌系统通过分泌各种激素和神经系统一起调节人体的代谢和生理功能，正常情况下各种激素维持在相对平衡的状态，假如由于某种原因打破了这种平衡，身体就会出现相应的临床表现，医学上将此称之为内分泌失调。生活中，不论男性还是女性都会出现内分泌失调，只不过由于女性的生理特点，对内分泌失调的反应更加剧烈，比如说女人必经阶段——更年期，很大一部分原因就是内分泌功能出现了紊乱。

黄女士虽还未到更年期的年龄，但最近也出现了类似于更年期的症状表现。她来找我的时候，情绪还比较激动地对我说："最近真是倒了霉运了，烦心事一件接一件。先是脸上不知何故地突然冒出来这么多黄斑，接踵而来的便是失眠、月经失调，真是让人烦死了！"

我示意她先平复下心情，并问道："除了你说的这些问题，你感觉最近脾气怎么样，心态也是像刚才一样容易烦躁吗？"

她这才意识到自己刚才的失态，不好意思地回答说："最近脾气不好，情绪变化较大，一些芝麻点的小事都能让我大动肝火，因为这周围人都躲着我，可我越是知道他们躲着我，我就越是生气。"

我点点头笑着说："你的病我已经了解得差不多了。"

她诧异地问："大夫，您还没给我检查，怎么说已经了解差不多了呢？"

我回答说："你这种情况属于内分泌失调，诊断起来并不困难。你心烦意乱、失眠健忘、月经不调，包括肌肤上出现的痘痘、黄斑都是因为体内的内分泌系统紊乱了。俗话说无规矩不成方圆，内分泌系统平衡的秩序打破了，身体就会'错误百出'。"

对于内分泌失调，治疗原则当然是使之重新恢复平衡。西医一般会采用药物来抑制或减少激素的分泌和合成。但我在治疗这个病例时，并没有给黄女士开药物，而是让她回家做"嘘"字功。

中医的"嘘"字功是护肝的重要方法之一，肝是人体最强的解毒排毒器官和营养输送器官，滋养着女人全身的脏器。若肝不能完成这些工作，则会导致内分泌失调，气血不和。

"嘘"字功锻炼法

锻炼之前操作者要全身放松，两眼睁开，平视前方。两脚自然分开，与肩同宽，两膝微屈，含胸收腹，腰背挺直。两手臂自然下垂，两腋虚空，肘微屈，两手掌轻贴于大腿外侧。然后两唇微合，嘴角横绷，略向后用力念"嘘"字，同时两臂犹如鸟儿张开双翼一样缓缓向上、向左右展开，两眼随呼气之势尽力瞪圆。呼气耗尽后，双手重叠再缓缓覆于丹田之下，稍事休息，再做第二次。如此动作做六次，然后做一次调息，恢复预备式。

黄女士按照这套方法锻炼了大约两周，身体状态便恢复正常了，同时因为雌激素分泌少了，脸上的黄斑很快也随之消失了。做"嘘"字功除了能平肝，调节内分泌外，还有一个好处就是提高视力。起初做的时候因为瞪眼眼睛会有发胀，感到刺痛和流泪，但不要紧，只要坚持下去，便能感觉眼睛会明亮许多。

生活中引起内分泌失调的原因很多，比如说情绪因素，紧张的状态等改变反射到神经系统，造成激素分泌的紊乱。再者如不良生活习惯，熬夜等颠倒人体生物钟习惯也会导致内分泌失调。但不管怎样，大家只要掌握"嘘"字功便能以不变应万变。

坚持锻炼，告别痛经

痛经是大部分女性朋友都会面临的一个病痛，在你承受痛经折磨的时候，可能没想到过全球有 80% 的女人和你一样每月被痛经困扰，它是指在月经期和月经期前后出现的周期性下腹痛，常发生在月经前和月经期，偶然发生在月经期后数日内，下腹痛呈痉挛痛和胀痛，可放射至腰骶部、大腿内侧及肛门周围。

这个病看似小病，可是疼起来是真要命，每个月总得难受那么几天，甚至影响工作和其他的很多活动。很多女性一有痛经症状就马上吃止痛片，这是很不好的行为，可能会产生更多的问题，是药三分毒啊，而且很容易影响受孕跟将来的胎儿。

患有痛经的女人，往往会形成一个心理阴影，每当自己月经快该来的时候，就像陷入了黑暗的深渊，做什么都提不起劲头，心情也会变得很糟。

小周是我们医院后勤的一位职工，今年刚 25 岁，是个本科毕业生，未婚，去年冬天的一天，她来找我说自己痛经很厉害，让我给她开点中药调调。

我听后，就问她："平时小腹疼不疼？"

她说："就是例假来的前两天疼得厉害，其他时候也没事，因为这情况经常请假，领导都对我有意见了。"

我听了笑着对她说："放心吧，我给你设计一套最佳的治疗方案，保证有效。"

小周还未婚，西药是绝对不能吃的，中药也只能少量服用，最好的方法就是经常锻炼。考虑到这些，我给小周调制了少量的中药，并对她说："中药只是暂时调理，锻炼是最重要的，我给你说一个方法，你回去后只要能坚持，就能治你的病。"

告别痛经锻炼法

侧身碰墙：在离墙约半米的地方，侧身站立，抬起一只胳膊，和肩一样平，肘部弯曲，用前臂和手掌贴在墙上，另一只手叉腰，把靠近墙边的胯部靠拢墙面，两侧交替做，坚持每天 20～30 个。

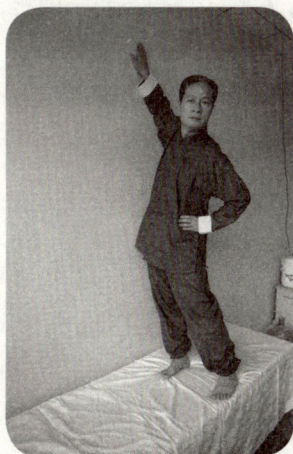

小腹贴墙： 站在离墙半米的地方，两手在胸前互抱，并抬起和肩持平。先让小肚子尽量去贴墙，然后再离开，反复30次。

叉腰摆腿： 两手叉腰，一腿站稳，另一条腿先前后摆动20次，再左右摆动20次，两腿交替进行，先慢后快。

膝蹲运动： 两手叉腰，两腿下蹲。下蹲时全放松，站立时肛门极力收缩，如此反复做30次。

伸臂抬脚： 两腿分开与肩同宽，两臂伸直侧举至头上方，同时深吸气，抬起脚跟，然后两臂同时下落，然后呼气，脚跟落下，如此呼吸6～7次。

转动腰臂： 两手叉腰，两膝微屈，腰部自左向前、向右、向后转动，每次转动10～20次，每天2次。

前段时间，我到医院的行政楼去办点事，碰见了小周，她对我说现在很正常，不疼了，并连连跟我道谢。

大部分痛经的女性都知道在疼痛时喝红糖水，用暖水袋放在小肚子上，然后卧床休息。这些方法确实有一定的效果，但都是权宜之计，治标不治本。不管是何种原因引起的痛经，其实你们完全可以不那么"痛"。

每天坚持按上面的方法进行锻炼，不仅能够减少吃药之苦，也能减少痛经之痛，还可以为你节省部分开支，是个不错的选择。

最后再次提醒痛经的朋友，一定不要因为难以忍受而大量服用止痛片，它虽然能解燃眉之急，但是对身体只有坏处，没有好处。另外，要注意并讲究经期卫生，经前期及经期少吃生冷和辛辣等刺激性强的食物。平时保持愉悦的心情，配合正确的锻炼，痛经一定会很快离你而去的。

第五篇

这样运动更健康更阳光

让人身心愉悦的普拉提运动

咱们平时听到的大都是中医，或者西医，其实每个国家、每个民族都有自己独特的医术，比如咱们国家还有藏医、蒙医、回医等。我有个朋友，他是个中医大夫，由于对外交流的缘故，他在美国待了一年多。由于我们是非常好的朋友，所以他回来之后，我们就迫不及待地约出来一起吃饭。一年多没见了，我发现他回来以后气色特别好，就跟他开玩笑，说是不是在外面特别闲啊。他说不是，虽然在国外确实没有国内这么忙，但是主要还是自己学了一种非常好的锻炼方法，叫普拉提运动。

朋友说完，还给我边说边简单演示了一下。由于这是一个新的概念，当时我也不太清楚。于是，回到家里我就上网查阅相关的资料。

我了解到，普拉提运动的创始人约瑟夫·休伯特斯·普拉提是个德国人，他年少时体弱多病，出于对健康的渴望，他钻研多种运动疗法，创造了一种把东方的柔软和西方的刚毅合二为一的训练方式，并最终拥有了健壮的体格。由于普拉提是静力状态下的有氧运动，利于放松紧张的身心，增强身体柔韧性和心肺功能，同时也不会产生劳累感，在朝九晚五的职业人群中很受欢迎。

我觉得这个办法对于亚健康、焦虑患者和更年期女性会有很大的帮助，为了方便大家锻炼，我还对一些动作进行了精简。

普拉提运动锻炼法

1. 身体平躺在地板上，颈部放松，保持脊椎的自然弯曲。吸气5拍，然后慢慢吐气5拍，同时收缩腹部并起上体。

2. 身体平躺在地板上，腹部收缩，然后双脚缓缓离开地面。背部

则尽量贴紧地面，同时颈部放松。呼气时把脖子抬起来，使头部离开地面，同时抬起上肢并靠近下肢。

3. 面朝下取俯卧位。头顶向前顶，沉肩。同时收缩腹部的肌肉，努力将你的肚脐部抬离地面。吸气并且抬头，手臂和胸部离开地面，背部肌肉收紧。呼气后再慢慢放下。呼气时躯干静止，将两腿抬离地面，抬到背肌不过度紧张的高度。

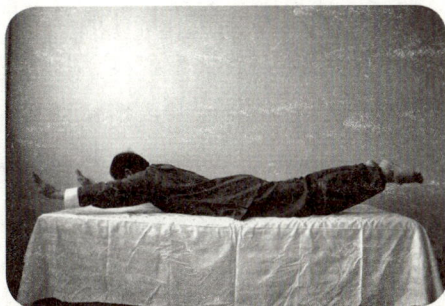

4. 双手撑地，呈俯卧撑的姿势。腹部、臀部收紧，身体躯干呈一条直线，静止20秒。身体中心躯干轻轻地上下移动，抬起、放下，反复做12～15次。

5. 保持着第四部分的动作不变抬起左腿，同时吐气。注意，要通过腹部肌肉的收缩来带动抬腿的动作。当你把左腿放下时吸气，再换抬右腿时吐气。整个过程中要确保你的髋部不要移动，

背部挺直。还要做到沉肩，并尽可能伸长颈部。两腿轻轻地交替抬起、放下，保持均匀的速度。这几个动作可以循环练习2～3次。

　　然后我自己开始进行锻炼，坚持了几天，我发现这种运动确实和平常的体育锻炼不太一样，整个运动就是精神和肉体享受的过程，它动作缓慢轻柔，每个姿势都要求和呼吸相协调，再伴着轻柔的背景音乐，可以把白天的劳累一扫而空，而且第二天满负荷工作，一点也不觉得累。

我把这个方法推荐给一些亚健康、焦虑等的患者，有一些人运动加药物治疗，病好得非常快。还有一些亚健康的人，仅通过锻炼就把病给治好了。他们说，真是又省钱，又把身体锻炼得棒棒的。

现在年轻人在繁重的生活压力下很容易产生紧张、焦急、忧虑、担心和恐惧，对生活充满消极情绪，影响了工作状态和心理健康，我建议大家不妨下班回家后也坚持做普拉提运动，相信它可以让你愉快并从容地完成日常生活中繁多的任务。

勤动舌头，胜过吃"健胃消食片"

人老了，脾胃就变成娇贵的老爷车，遇见稍不好的路况，它就跟你闹情绪。我在门诊上，每年春节过后，都会遇到很多消化不良的老年人。每每遇到这样的患者，我都会给他们推荐一套舌头操。

舌头锻炼法

每天早晨起床的时候：舌头可以先做伸出与缩进的动作10次，然后舌头在嘴巴外面向左、向右各摆动5次。

洗脸时：可以对着镜子张开嘴巴，将舌头轻轻伸出，并停留2～3秒，这样反复操练5次。然后头部上仰，下巴伸展，嘴巴大张，伸出舌头停留2～3秒钟，也反复操练5次。

坐在椅子上休息时：双手十指张开放在膝盖上，上半身稍微前倾，用鼻孔吸气，接着嘴巴大张，舌头伸出并且呼气，同时睁大双眼，目视前方，反复操练3～5次。

中医理论认为，舌头是脾胃外窍，通过锻炼舌头可以增强脾胃的功能。而西医也认为，舌头是参与消化、辅助进食的重要器官，通过舌头的运动，可以防止舌头肌肉的退化，有益于脾胃对食物的消化。

舌头锻炼活动量小，对场地和器材都没有要求，可操作性大，比较随意，非常适合老年人。好脾胃是健康的根本，脾胃好消化就好，白天吃的食物就不会堆积在身体内变成垃圾。

另外，老年人在晚上散步的时候，揉揉肚子能促进胃肠血液循环和胃液分泌，也可以促消化、健肠胃。具体做法是，每走一步，用手掌以肚脐为中心，旋转按摩腹部一周。每次活动应达到 15 ~ 20 分钟，以肚皮发红有热感为宜。

如果您长期有消化不好、吃饭不香的情况，不妨在勤活动舌头的同时，再结合散步揉腹的方法，我想一定能达到事半功倍的效果，比吃健胃消食片管用多了。

孩子弱视，多进行"目功"锻炼

双眼的视功能是人们生活、学习、工作依赖的重要功能，尤其是现在社会驾车成为了生活的基本需求，欣赏 3D 电影和电视成为重要的生活方式，没有良好的视力是完全不可能实现的。

然而，随着我们现代工作、生活习惯的改变，弱视患者比比皆是，尤以青少年最为多发，由于生活压力大，很多家长每日忙碌于工作，还没有来得及认识到弱视的危害性，孩子就已经弱视了。

浩浩是我一位朋友的儿子，刚上二年级，眼睛就出问题了，前些天朋友带着浩浩来找我，坐下来便说："孩子的眼睛不知怎么了，总说看不清黑板上的字，学习成绩也下滑得很快，你给看看吧。"

听了朋友的话，我给浩浩测了一下视力，左眼 0.8，右眼 0.7，然后我就对朋友说："你带孩子去眼科矫正一下视力试试，看是不是近视了。"

他听后忙带着浩浩去了，没过多长时间回来对我说："眼科医生说是弱视，矫正视力也看不太清楚。"

弱视是指无器质性病变，无眼部结构缺损，以功能性障碍引起的远视视力低于 0.9 而且矫正视力达不到正常的情况。引起此病的因素有很多，比如说孩子经常在弱光下看书或者母亲在怀孕的时候摄入的糖分过多等，都有可能引起此病的发生。

听了朋友的话，我首先想到的是让孩子进行"遮盖疗法"，但其副作用比较大，可能引起更严重的剥夺性弱视、斜视。

权衡利弊，最好的方法就是按摩锻炼，我给浩浩说了一种很有效的方法，并演示给他看。

"目功"锻炼法

闭目，微曲拇指，以指关节沿眉由内向外轻擦9～18次，再同样轻擦上下眼睑9～18次。然后，将两手互搓至热，用手心热烫眼珠三次，用两手中指指腹点揉"晴明""鱼腰""瞳子髎""承泣"等穴各9～18次。最后，双眼轻闭，眼球顺时针、逆时针旋转各9～18次，轻轻睁开双眼，由近及远眺望远处的绿色标志物。注意让孩子在旋转眼球时速度要慢，旋转次数由少渐多，刚开始练习时不一定要达到规定的次数，否则患者会有目胀、头昏、呕吐等反应。

同时，我让浩浩回去后经常做穿针穿珠训练，患儿戴了矫正眼镜后，用红线穿针或穿珠子，每次穿200～300根针或200～300粒珠子，促使多用近目光，以提高视力。

发育阶段的儿童，若治疗不及时，最终会造成不可逆的视功能损害，影响学习、工作和生活。因此，儿童弱视的早期发现、早期治疗就成为防治的关键。等到孩子视力明显减退，后悔就来不及了。

西药治疗对眼部器官的影响较大，早期可以控制病情，但长期服药不能间断，易复发；手术治疗不彻底，而且对身体有一定的影响，疗效不稳定，可能发生手术失败或并发症；而微创手术伤口愈合慢，容易发炎，造成微创治疗不彻底，还会引起其他疾病等。考虑到这些情况，在少量用药的同时，坚持上面说的这套锻炼方法是最好的选择。

最后告诉各位父母，如果发现孩子有弱视的情况，劝导孩子在进行锻炼治疗的同时，一定要养成良好的饮食习惯，不要挑食。注意让孩子多吃些粗粮（如玉米面、小米），以增加必要的维生素供给；多吃些新鲜水果和蔬菜，适当增加蛋白质的摄入，限制过多糖类的摄入，以促进视网膜和视神经的发育。

⚘睡前抓揉颈部皮肤可帮助入睡⚘

那天，小敏是我要接诊的第二位患者，在候诊期间，我见她不停地揉眼睛和打哈欠，便断定她待会儿就诊的主诉肯定是睡眠不好。

果不其然，她落座时第一句话便是："大夫，我晚上睡不着觉。"

经过了解，原来小敏前个月在朋友的鼓动下买了一只股票，投进去四五万块钱。她原本想着当成业余爱好随便玩玩，可没想到这个业余爱好最后倒成了她的一块心病，她是日日惦记，夜夜琢磨，吃也吃不香，睡也睡不着。

我问她："既然当初你是揣着随便玩玩的心态，那你现在是纠结什么呢？"

她说："我当然不指望靠它发财、赚钱，但不知道为什么每天总想着它会不会下跌，然后越想心里越乱，越乱就越睡不着觉。"

我听完恍然大悟说道："哦，你原来是有预期性焦虑症呀！"

我告诉她，预期性焦虑是心理学上的一个名词，简单来说就是某些人总是对即将发生的事情报以最坏结果的打算，时刻担心着不幸的到来，从而产生紧张不安、担忧害怕的情绪。就像你，股票明明没有发生下跌，却总是担心会下跌，这不是杞人忧天嘛。

小敏的这种失眠情况主要是跟大脑神经过度紧张有关，若是一般医生会给她开利眠宁 10 ～ 20mg 或安定 2.5 ～ 7.5mg，每日 3 次口服。但这只治标不治本，我还有一个非常简单实用的小方法。

按捏颈部皮肤治疗法

睡觉前按捏颈部皮肤：患者趴伏在床上，然后他人用手轻轻地抓揉颈部皮肤，时而轻轻上提，时而左右手分别横向搓揉，用不了多长时间

就会渐渐产生睡意。

这是一个全国名老中医自创的调节睡眠的小方法，看起来就像我们人类爱抚小猫小狗，放松颈部肌肉的张力，调节自主神经功能的平衡。小敏按这个办法也不用吃安眠药，晚上也能快速入睡，久而久之这个毛病就克服了。

生活中，很多人睡不着觉就是因为心里装的事情太多，人的心就那么大，你如果把琐碎烦恼的事情都装起来，美好的事物也就被挤走了。所以，做人一定要乐观，不是有句话叫"该吃吃，该喝喝，啥事都别往心里搁"嘛。实在睡不着，就试试我这个办法，把自己当成小猫小狗，在主人轻柔的爱抚中很快就会全身放松，进入梦乡。

锻炼耐寒力治疗寒冷性荨麻疹

在诸多荨麻疹中，有一种因寒冷所致的病症叫作寒冷性荨麻疹。6岁的姗姗就是一个寒冷性荨麻疹患者，每当冷空气降临，这个小病号的皮肤总是表现得特别敏感，局部皮肤迅速地隆起淡红色、大小不等的扁平斑块，而且瘙痒难忍，痒起来就是十几个小时。

所以，姗姗从小就被家人们特殊保护起来，而且父母还要时常关注天气变化，及时地为她增衣保暖。但是，"小雏鸟"越长越大，父母陪伴在身边的机会也越来越少。有时候，姗姗自己在学校不注意，用冷水洗了洗脸，偷喝了几口冷饮，手臂上就出满了小风团。特别是上小学后，这种情况出现得越来越频繁。

针对小姗姗的情况，除了平日里要注意保暖，身边常备皮炎平、氟轻松等外用药物外，锻炼耐寒能力也是有效的治疗途径之一。但如何锻炼孩子的耐寒力，我建议采用"冷脱敏疗法"。

冷脱敏锻炼疗法

让患者每天用冷水泡泡手和脚，初期时间要短，以1分钟以内为宜。

然后逐渐增加浸泡时间，每次增加的时间也不要太长，30秒即可。

但当我把这个办法给姗姗的母亲一说，她便立马摇头表示反对，说："孩子本来就不能接触凉水，这不是把孩子往火坑里推，盼着孩子早生病嘛。"

我开导她说："你知道温水煮青蛙的实验吗？"

姗姗母亲拍了脑袋说："您的意思是说先用温水泡，然后逐渐降低水温，让孩子慢慢适应，耐寒力一点点提升。"

我点了点头，说："对，这叫以毒攻毒，就是因为它怕，才要让她学会接受，让皮肤加强对冷的耐受力，这样适应一段时间后，孩子再接触凉水或冷空气就可以避免出现过敏反应。"

当然，给孩子的水温一定要根据孩子的反应控制，比如先开始用40度温水，孩子适应之后再减到35度，就这样一点点递减。

半年之后，姗姗母亲带着姗姗来找我，说孩子已经有好长一段时间没有犯病了。

爱"动"的孩子要多做精细运动

一个朋友的孩子在老师们的眼中是典型的"坏孩子"。上课不注意听讲，别的小朋友都能安安静静的，他却左翻翻右动动，一刻也停不下来。

老师把孩子爱动的毛病向朋友反映了好多次，但是他们夫妻两个都认为好动是孩子的天性，淘气的孩子反而会更聪明，总是笑笑不以为然。

暑假的时候，朋友正好休年假，他就在家里辅导儿子学习。这一辅导不要紧，他也觉得孩子似乎有问题。

朋友跟我说，他在辅导孩子做作业的时候，发现孩子总是边做边玩，随意性很大，凳子上就像是放了钉子，一会儿起来说喝水，一会起来找吃的。他觉得孩子做一件事的时候一定是应该专心致志的，于是就教育孩子，让其老老实实地先把功课做完，之后想怎么玩就怎么玩。可是孩子总是不听，后来朋友实在忍不住了，就给了孩子两巴掌，孩子当时就哭了，也听话了一会儿，可是后来虽然人不乱动了，但是手却一直不闲着，一会儿抠抠橡皮，一会拉拉铅笔。

感觉十几分钟就能完成的作业，孩子竟然花了一个多小时，而且最后检查作业的时候，错误连篇，把"6"写成"9"，把"a"当成"b"。朋友真是被气得不得了。他想起老师的话来了，就给老师打了电话，老师在电话里婉转地告诉他，以前也碰到过类似的孩子，好像跟多动症有关，建议到医院看看。

朋友先上网查阅了一些多动症的资料，发现多动症是以多动、注意力不集中、参与事件能力差，伴认知障碍和学习困难，智力基本正常等表现的一组综合征。朋友感觉孩子还真是很像多动症，就找我就诊。

我说："人是动和静的结合体，玩耍的时候孩子肯定爱动，但当孩子对一件事情感兴趣的时候，肯定会安静下来，注意力特别集中。可你见过孩子平常专心致志地做过一件事情吗？当家人给孩子买一个新玩具的时候，正常孩子总是先茶饭不思地玩上一段时间，但多动症的孩子却总是很难专心地做一件事。"

朋友想了想说："你这么一说，我倒觉得还真是这样。"

我说："这主要是因为孩子对自己的行为缺乏控制能力，就是大脑里'静'的功能作用不强，风头总被'动'压下去。"

朋友问我怎么办，我笑了笑说："多动症主要是孩子对自己行为的克制能力不足，并不是智力障碍。回去后多让他做做精细运动就能纠正过来。"

精细动作训练法

给孩子找两个碗。第一个碗里放上数量不等的红豆、绿豆和黄豆，然后让孩子按一定的顺序，比如红—黄—绿，一粒一粒地从碗里捏出来放到另一个碗里。当然，精细运动的思路是多让孩子做细活，还可以给孩子买一个篮球，让孩子左右手交替拍。然后家长在一旁监督，如果表现好给予奖励，如果表现差给予惩罚。

通过精细运动，锻炼大脑主静的功能，使之达到动静平衡，一般只要坚持一段时间，孩子注意力不集中的问题就能很好地得到纠正。朋友的孩子只练了三个月就被调教过来了。

以前的时候，谁家孩子爱捣乱，学习不认真，都把责任归咎于孩子不听话，父母以"棍棒理论"进行教育，结果孩子越打越不听话。现在，随着社会对医疗需求的提高，人们对心理上的问题也开始关注，"儿童多动症"这个名词开始走进大家的视野，很多家长逐渐认识到孩子爱动，做什么事情都不能全神贯注，很有可能是由于孩子本身患有注意力缺陷障碍，就需要进行康复治疗了。

宝宝斜颈，家人会帮忙才能好得快

婴幼儿睡觉歪脑袋在医学上称之为婴幼儿斜颈，是十分常见的现象。

人体的颈部两侧各有一条从后伸展至胸骨和锁骨之间的肌肉，这两条颈肌是主要负责控制头部活动的，如果其中一侧的颈肌发生病变导致伸展力下降，就会直接导致孩子出生后，脑袋向胸锁乳突肌较短的一侧偏斜。

有次朋友向我咨询如何纠正孩子睡觉歪脑袋的问题。

我告诉他，孩子斜颈不是由于一侧颈肌的伸展力下降吗，那我们后期通过功能训练把它拉长一下就可以了，就像是扯橡皮筋一样，扯的时间长了，颈肌自然就松了。

斜颈锻炼矫正法

让婴儿睡觉的时候取半侧卧位，给孩子患侧的一边垫一个小米枕，让脸部转向患侧入睡。

平常让婴儿练习趴着抬头，不能歪斜，训练的时候父母可以用玩具吸引婴儿把头转向患侧。

在婴儿的卧房，朝婴儿患侧的墙面画上鲜艳的图案或是挂上风铃，吸引婴儿把头转向患侧。

给孩子喂奶的时候，应站在婴儿患侧，让婴儿朝着患侧斜上方喝奶。

6个月之后可以腾空竖抱婴儿，使其身体向患侧倾斜。通过翻正反射，婴儿会抬起头部，颈部向健侧歪斜，每日重复多次。

平时给孩子递玩具的时候，多从健侧递给他来进行引导。

若是面部畸形发生，可经常用手轻柔或轻拍患侧脸颊，鼓励患儿用患侧咀嚼和鼓腮，逐渐纠正面部畸形。

我把这个办法教给朋友，隔了几个月我们再次见面，他直夸这个办法不错，现在孩子睡觉头部已经不偏了。

孩子睡觉总爱歪脑袋，家长可不能不管不问，时间长了，孩子会变成"睡偏头"，就是脑袋不对称了，经常斜的那一侧脑袋有扁平现象。不过家长们也不要担心，只要能意识到婴幼儿斜颈的危害性，后期通过针对性矫正训练便可以很容易地纠正过来。当然，只有坚持训练才能取得好的效果。

摆脱晕车困扰，享受快乐旅途

有一年和同事小冯去海口参加一个学术会议。返回的时候由于时间充裕，便和小冯商量决定不坐飞机了，而是改坐轮船，欣赏下大海的波澜壮阔。刚开始登上轮渡的时候小冯异常兴奋，不停地让我给他拍照留念，谁知船刚走了半个小时小冯便晕船了，先是精神萎靡的瘫在甲板上，之后便是不停地呕吐，旅途的乐趣一下子荡然无存。

经过几个小时的折腾，小冯终于走出了"贼船"，一踏上陆地，小冯的状态便好转了许多。

小冯无奈地说："我只知道自己晕车，谁知道坐船也不行呀。"

晕船和晕车一样，是运动病的一种，它跟个人的体质没有太大关系，就算是运动员，晕起来谁也拦不住。

很多人不明白，在地面上和交通工具上感觉一样，为什么会出现头晕、恶心的现象呢？其实道理很简单，人体之所以能维持自身平衡，最主要是靠内耳的半规管、椭圆囊和球囊来感受直线或旋转运动，再通过前庭神经传到大脑皮层的平衡中枢，来调节和管理人体平衡反应。如果，人体内耳前庭平衡器受到了过度运动刺激，前庭器官就会产生过量的生物电，影响神经中枢，出现冷汗、恶心、呕吐、头晕的晕车症状。

每个人的前庭平衡器对运动刺激的强度和时间都有一个耐受限度，医学上称作为"致晕阈值"，阈值越大，个人对刺激的耐受力就越大。坐同样一辆颠簸的汽车，有些人出现晕车症状，而有些人就没有什么问题，就是因为他们的致晕阈值不一样。

当然，这个致晕阈值并不是一成不变的，通过后期锻炼也可以提升，你看飞行员们比常人的耐受能力就明显强得多，但每天还要接受"抗晕"训练。我这里也有两套抗晕的训练方法，长期锻炼可以提高内耳前庭器的平衡能力。

抗晕平衡训练

旋转法

旋转法就是咱们小时候常做的游戏——原地转圈，方法是按低头、仰头两种方式闭目原地转圈，在地上画一条线，每次转10圈后，再停下来沿这条线走，目测其偏离线的程度，并记下来。若10圈下来能沿着一条线走下来，那说明普通的颠簸旅途已经对你构不成威胁了。

滚翻法

翻滚法的难度大，要求操作者首先向前顺畅地连续翻滚10次，然后再向后翻滚10次。锻炼时循序渐进，按身体适应程度安排次数，不要过分激烈。如果这套动作能轻而易举地完成，那说明你已经完全摆脱晕车困扰了。

回来后我就把这个方法跟小冯说了一下，说他以后锻炼身体的时候可以进行这样的锻炼，小冯后来果然就不晕车晕船了。

相信生活中，被晕车、晕船困扰的朋友不在少数，旅途有很多美丽的风景，如果被晕车问题困扰，那岂不是丧失了很多乐趣吗。晕车一族不妨按以上的方法训练，提高自己的致晕阈值，把旅途变成一种享受，而不是折磨。

做正确的运动，矮个长高不是梦

身高是现代人特别关注的一个话题，男孩的父母总是希望自己的孩子能够长得高一些，特别是那些父母双方身高都偏矮的家庭，都很担心自己的孩子长不高，将来影响找工作、谈对象等。而作为女孩的父母，则往往想让自己的女儿能找一个个子高的对象。总而言之，每个父母都不想自己的孩子长得太矮。

但现实是残酷的，父母双方都不高的家庭，孩子长高的概率是很低的，这是他们的遗传因素决定的。读到这里，很多人会问，那就没办法了吗？难道我们注定要矮此一生吗？不！身高有一半是一定的遗传因素导致的，这一点毋庸置疑，但是还有一半是靠自己的努力的，你的长高梦还是可以实现的。

前年，老家有喜事，我回老家，一个远房老表带着他儿子走到我跟前说："表哥，孩子都15岁了，现在才一米六五，几个月才长高了一厘米，他的同学们都长得很快，现在他们班里个子就数他最矮了，他因为这整天学习的心思也没有了，你看看有没有办法让他能长高些。"

听后，我就给他说了一个方法，让他经常练习，这个方法分为六个不同的运动。

增高运动锻炼法

热身运动：活动四肢的各个关节，脊背保持平直，身体前倾，双手伸直用力向后上方挥动。

走： 大幅度摆臂，有力地向前走。

跑： 小步下坡跑，同时，双拳放在肩上，双臂屈肘向前旋转，快速跑跳 25～50 米。重复 4～6 次，每次之后稍事休息。

拉伸： 双手向上拉伸，然后向各方拉伸，同时踮起脚后跟。重复 6～8 次，中间稍事休息。

杠上练习： 悬垂（20～60 秒），悬垂的时候身体向右、左转动，双脚并拢；身体向前后摆荡，沿顺时针或逆时针方向摆荡。引体向上，脊背保持平直，向上挑起，抓住单杠，并利用跳跃的惯性，做引体向上。每个动作重复 6～8 次。

跳跃： 向上跳时争取每次跳得比上一次高，或达到某一既定的高度。向下跳时从稍高的地方向下跳，着地时用力弯曲双腿。

可适当地选择上述练习，但从一开始就要按照规定数量做动作；逐渐加大运动量；运动之前充分准备；做完每节操后稍事休息，让呼吸平稳，抖动四肢，使其放松；做完全套操之后，平躺在地板上，绷紧背部和臀部的肌肉，微微挺腰。每周做这套操不少于三次，每次 35～45 分钟。

一定要坚持！方有可能收到意想不到的效果。

上次走亲戚时，见到了那个远房侄子，他的个头已经远远超过了他的父母，性格也开朗了很多，见到我时跑到我身边说："真是太谢谢叔叔了，我现在身高都到 1 米 76 了。"

很多人会说矮的人是"二级伤残"，特别是还处于青春期的孩子们，他们多会相互攀比，不懂得相互体谅，对个子矮的同学说出一些难听的话，这不仅会使孩子的自尊心受挫，而且还会影响孩子的学习。

面对这些困扰，父母们经常会给孩子买一些有利于长高的药，现在市场上有各色各样的这种药，但却往往不能奏效。告诉各位父母，想要长高不要让孩子吃什么长高药。是药三分毒！长高药物不但贵，而且几乎没有什么功效。

总之，要想充分发挥孩子长高的潜能，摆脱"矮个子"的困扰，按照上边说的方法练准没错。另外，平时可以让孩子多吃蔬菜和含钙、锌丰富的食物，多喝鲜奶，不吃垃圾食品，养成良好的饮食习惯和作息习惯。

功能运动矫正八字脚

芳芳三岁的时候，父母无意中发现孩子的脚尖朝外撇，走起路来就像一个鸭子，非常难看。经过诊断，我告诉芳芳父母，她这就是咱们常说的"八字脚"。

她父母惊讶地问，他们一直很注意给孩子补钙，怎么还会八字脚呢？

我告诉他们，造成八字脚的原因有很多种，除了体内缺钙，过早学步，或是鞋不合脚，都会引起。比如一些小孩子喜欢偷穿家长的皮鞋，但是孩子足部骨骼软、力量弱，又重又硬的硬质皮鞋穿在脚上常有带不动的感觉，久而久之便导致步态扭曲。

所以在很多情况下，"八字脚"与骨骼先天畸形关系不大，都是后天个人不良习惯所致。只要通过逆向运动，及早纠正都可以矫正过来。

矫正"八字脚"锻炼法

矫正"八字脚"的方法有很多，比如，对年龄较小的孩子，可以锻炼让孩子双手放在双腋下边，让孩子沿着一条较宽的直线行走。行走的时候，家长在一旁看着，让孩子的膝盖始终保持正前方，使孩子的脚离开地面时重心在足趾上，屈膝向前迈步时让两膝之间有一个轻微的碰擦过程，每天练习两次。年龄较大的孩子，可让孩子自己在镜前的地板上每天沿着一条胶带或直线走两次。

还有踢毽子运动可以很好地帮助纠正八字脚，如果是"内八字脚"，踢毽子时不妨多做内拐踢，即屈膝，用脚后跟内侧踢毽子；要是"外八字脚"，可多做外拐踢，即屈膝内扣，用脚踝外侧踢毽子。

总之，不管什么运动，只要思想上给予足够的重视，注意留心孩子平常坐、站、走、跑的姿势，让脚尖、脚踝、膝盖保持三点一线，持之以恒地训练就一定能纠正八字脚。

芳芳父母选用的便是让芳芳双手夹在腋窝，直线走路的方法，监督着让孩子一直坚持训练了半年，终于把孩子不正确的走路姿势给纠正过来了。

孩子"八字脚"越早发现，越容易纠正，如果孩子骨骼定型后再想纠正就困难多了。因此，父母要经常注意观察孩子的走路姿势，若发现孩子走路有"八字脚"倾向，应及时进行纠正。

运动左手开发智力

人的大脑分为左右两个半球，分工各不相同，左半脑主要负责逻辑理解，比如记忆、时间、语言、判断等。右半脑主要负责空间形象记忆，如直觉、情感、身体协调等。

现在很多家长都开始注重对孩子的智力进行测试，许多医院也都设有专门的智力测试门诊，每天带孩子来测智商的家长络绎不绝。

有一次，一位母亲带着孩子急匆匆地来找我，原来这位母亲刚带着8岁的孩子做完智商测试，便来咨询问题了。

我看了下测试报告，孩子智商得分只比正常水平低了一点。于是，我说："你家孩子的分数不算太低，属于正常。而且孩子尚小，现在的分数并不代表今后的智商也是这个分数。"这位母亲说："可是我家孩子就是没有其他孩子显得伶俐，而且在班上成绩一直不好，不知道有没有什么能增强智力的药物。"我说："通过药物让人变聪明是不可行的，要不然每个人都能成为科学家。不过，人的智力水平是需要开发的，你让孩子多进行左侧肢体的运动锻炼，促进左右脑功能均衡有效地开发利用。"

　　一个人的智力水平是由左脑功能和右脑功能共同决定的。不过科学显示，人的左右脑并不是平衡发展的。我们知道，左脑控制右侧肢体，右脑控制左侧肢体，肢体运动可以刺激大脑皮层，激活脑细胞。但生活中绝大多数人的右手比左手灵活，右手操作的时间比左手长，这样右脑半球锻炼的机会相对较少，右脑半球的细胞远不如左脑半球的丰富活跃。所以，在生活中我们可以刻意地锻炼左手。具体的锻炼方法是：

锻炼左手开发智力法

　　举臂动作：聚精会神地站立，左手紧握拳。左腕用力，弯臂慢慢上举。然后缓慢地将弯曲上举的臂，返回到原来的姿态。

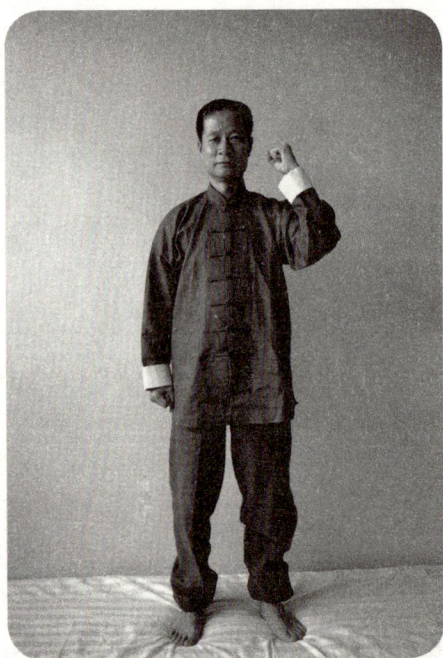

　　抬腿动作：取仰卧位，左腿伸直向上抬。将上抬的腿倒向左侧，但不可碰到地。然后按相反的顺序，返回到原来的姿态。

　　左侧动作：使身体从直立姿态向左侧倾倒。仅用左手和右脚尖支撑。左臂伸直支撑，倾斜，笔直横卧。然后弯左膝后起身，返回到原来的姿势。

单撑动作：俯卧。跷起脚尖，像俯卧撑那样，用手腕和脚尖支撑身体。弯臂，同时使左腿抬高，右臂放松。缓慢地重复伸手臂 2 次。

每个动作重复 8 次，这套动作能在短时间内促进右脑功能开发，增强记忆的功能。除此之外，家长可以采取锻炼左肢的运动还有很多，比如夹积木的时候，要求孩子用左手拿筷子把积木图案摆出来；拍皮球的时候，要求孩子在拍皮球时双手交替进行；捡火柴的时候要求孩子把火柴一根一根摆进火柴盒内，只能用左手，不准用右手。

最后这位母亲在加强孩子左肢锻炼的同时，又让孩子平常多用左手干活。时隔两个月后，她再带着孩子做测试，发现孩子智力已经高于正常水平了。

理解数学和语言的脑细胞集中在左半球；发挥情感、欣赏艺术的脑细胞集中在右半球。左脑的记忆回路是低速记忆，而右脑的是高速记忆，左脑记忆是一种"劣根记忆"，右脑记忆则有"过目不忘"之功。所以，懂得开发右脑的孩子往往更聪明。大家不要守着一片金矿，只开采左边部分，而忽略了右边部分呀。

婴幼儿肥胖后果很严重

童童今年 1 岁多了，但体重却超过同年龄儿童平均值的 20%，属于轻度肥胖。家长看着童童与日俱增的饭量和体重，不禁紧张起来，怕孩子吃成小胖墩后就再也减不下来了。

童童父母打算让孩子节食，但是孩子还小，你让他吃不饱就不停哭闹。孩子都是父母的心头肉，孩子一哭，做父母的心一软也就放弃了。所以，一个月下来童童的体重不但没降，反而又增加了 2 斤，没办法只得来医院请医生帮忙。

我了解了童童的情况后说："为什么不进行运动锻炼呢。"

父母回答说："孩子这么小，他能进行什么运动。"

我说："抵制肥胖要从娃娃抓起，攀、跳、跑、投、转孩子哪一个做不了呀。你若等孩子长大了再去运动就晚了，滴水可以穿石，正是平常日积月累才可以见真章。"

于是，我让童童在"攀、跳、跑、投、转"的五个动作处下功夫。

幼儿肥胖锻炼法

攀：孩子学会走路后，每天回家的时候不要坐电梯，让孩子练习双手扶栏上下楼，练习其攀爬能力。

跳：等孩子 2 岁的时候，运动协调能力已经不错了，可以让孩子练习双脚同时离地跳跃。

跑：平常多带孩子外出游玩，让孩子练习小跑，初学跑可以走跑交替进行。

投：让孩子练习手臂举起，做有抛掷姿势的抛投运动，可以和孩子玩飞盘、投掷皮球等运动。

转：可以扶着孩子做左右的缓慢转圈训练，也可带孩子坐旋转滑梯。

当然，平常锻炼还要与孩子兴趣结合，如果孩子特别喜欢某项运动，可以以此为切入点增大孩子运动量。总之就是要确保孩子多运动，避免其久坐。有时候看父母好不容易带孩子逛个街，还让孩子坐在婴儿车里。

近年来，婴幼儿肥胖问题越来越受到关注。许多全球知名的朱古力生产商宣布停止向 6 岁以下的儿童推广自己的产品，目的就是保护儿童健康。做父母的也一定要行动起来，抵制婴幼儿肥胖，为孩子赢得一个健康的未来。

反序运动让你走出亚健康状态

我起初对网络兴趣不大，平常上网也就是查文献、看新闻。前些年微博非常火，在身边朋友的鼓动下我也注册了个微博。原本以为它会和QQ一样的命运，注册后不就将会被我尘封起来了，没想到我把医生的身份标注上去后，很多不认识的朋友都加我粉丝，慢慢地微博竟然成了我在上班之余与患者们交流的平台。当然最近两年，我又在搜狐健康和今日头条注册了公众号，平时写一些科普类的文章，与大家交流的机会就更多了，粉丝量及阅读量也在逐年增多。

在与网友们交流的同时，我发现许多年轻朋友都问同样一个问题："大夫，我最近无精打采，提不起劲，感觉自己生病了，但去医院检查又查不出来个所以然，这到底是怎么回事？"

我给的回复是："鉴于你的表述，你现在正处于亚健康状态，应及时去医院找专业大夫进行调理，阻止向疾病状态转化。"

"亚健康状态"是近年来国际医学界共同关注的健康概念，它是人的机体虽无明显的症状和体征，但呈现出活动力降低，适应能力减退的一种生理状态。医学是一门严谨的科学，总体来说，借助于现代先进的检查、检验手段，大家对健康的认知非常明朗，不是有病即是无病。其实，在健康的黑与白两个极端之间还存在着很大一片灰色地带，它暧昧不明，难以界定。很多人自我感觉不舒服，但去医院检查化验又化验不出来毛病，这个时候他其实就是处于健康和疾病之间的灰色地带，应该及时采取措施，防止继续恶化，向疾病状态转化。

亚健康状态没有相应的药物治疗，因为它没有明确的症状表现，这个时候不妨试一试"反序运动"。

　　反序运动是由德国运动医学专家倡导的，现今在欧美国家非常盛行，运动医学专家认为，人体是一个动态的全面平衡体系，因此运动应是全方位的，既包括正向运动，也包括反序运动，这样才能达到人体所需要的那种动态的全面平衡。另外，反序运动最重要的是能对神经系统进行锻炼，人在反序运动时机体承受的重力、阻力和受力角度发生了改变，随之带来知觉改变会在大脑中产生新的兴奋区域。这能够有效地刺激人的神经系统，消除人的疲劳感和枯燥感。

　　后来鉴于网上向我咨询治疗亚健康的粉丝越来越多，我就专门把反序运动放在了网上。

反序运动锻炼法

　　主要方式包括倒立运动、倒行运动、爬行运动等。

　　每天有意识地做短时间的倒立，会快速有效地增加脑部血流量，保持大脑血管、神经和脑细胞的充分营养，增加脑血管的抗压性和柔韧性，从而使身体疲劳得以延缓和消除。向后跑步、向后步行等向后运动可以使人体的五脏六腑以及肌肉、关节和神经都能得到运动，使身体各部位都能收到一定的运动效果。所谓爬行运动，就是运用双上肢和双下肢着地，模仿动物爬行。

　　关于反序运动治疗亚健康的微博发出后，没过多久就收到了不少赞赏，其中不少人还特意发私信感谢我。

　　虽然，反序运动可以帮大家走出亚健康的灰色地带，但是大家做这项运动的时候一定要注意，首先孕妇是禁止的，其次大家要找一个相对平坦的地方，特别是进行倒行运动的时候，一定要注意安全，不然到时候摔一跤就不划算了。

练习闭气给你降火

　　短时间内的工作压力大、睡眠不足时，会出现火气大的现象。另外，炎热的夏日、季节交替的时节或是吃太多辣食甜食，也特别容易火气大！夏天时因天气热，本来就容易感到口干舌燥，只要作息稍微一不正常，或吃太多辣的东西，在内外高温的"夹攻"下，自然更容易造成火气大，因此夏天较容易出现口臭、脾气急躁的现象。

　　小莉是一位在医院门口卖水果的门市老板，我经常去她那儿买水果，所以我们也算熟识，去年夏天她来医院找到我说："最近一段时间我老是牙龈肿痛、喉咙肿痛，而且还有口臭的情况，卖水果时跟人说话都不敢靠得太近，晚上睡觉鼻子也是干的不通气，你给我看看吧，太难受了。"

　　我给她检查了口腔，诊了下脉搏，最终确定她这是火气过大引起的，也就是我们经常说的上火了。在治疗方法上，很多人选择吃清火药，很方便也很便宜，但是往往是吃几天后症状消失，可没过几天就又出现了，解决不了根本问题。

　　我给小莉说了一个可以从根源上降火的锻炼方法，那就是"闭气"，藏医上称之为"宝瓶气"。

降火闭气锻炼法

这个锻炼方法分三个阶段。

　　最简练法（刚开始练可以按照此法）：吸一次气闭住，等到受不了之后不马上呼出，接着吸第二次，使肺部更加饱满，此时可继续闭气10秒或20秒，受不了之后又可接着吸第三次，继续闭气，总共吸几次本无限制，原则是吸到不能再吸，闭到无法再闭，最后才由鼻孔呼出来。此法可使肺部之空气极尽饱满，无一肺泡不充满空气。

　　进阶练法：先吸饱一口气，然后用手指压住一个鼻孔，用力将肺中空气从另一个鼻孔射出，射尽后立刻再吸满一口气，接着再压住一个鼻孔，再将肺中空气射尽，如此反复，共三吸三射之后，肺中空气尽出，即开始停止呼吸，大约经十秒至二三十秒之后，全身会觉得非常难受，此时可以轻轻吸一口气，然后再闭气，闭气一段时间之后，全身又难受起来，这时不可呼气而要接着吸第二口，然后再闭气。如此只吸不呼，大约分段吸气三至五次之后，就无法再吸再闭，这时只好将空气呼出，如此就算练了一下"宝瓶气"。

最讲究练法：以鼻孔吸气吸满，然后停止呼吸，接着收紧腹筋，使肚皮尽量贴向腰脊，下巴压住脖子，但脸要保持朝向正前方，头不可向下俯。此时胸部自然鼓起，横膈膜自然往上提，两肩亦稍微向上耸。闭气一阵子后，自觉难以忍受，不可呼气，但可以再继续补吸三四下，使肺部极尽饱满，若能保持60秒不呼气则效果较佳，至少须闭15秒才有效。

这个方法的清火作用是经过实践检验的，小莉按照此方法练了几个月后，她的口臭好了，而且几乎没再出现过其他上火的情况。

虽然说这个方法闭气闭得越久越好，但也需用渐进法，才不会太辛苦。没有练过此法的人，起先会很不习惯，很难受，感觉头部胀胀的，有人会晕，有人隔天胸部会痛，这些现象都不用害怕，几天后就会习惯。若每下能60秒不呼气，每天只要练几次就行了。

上火是大部分人很容易出现的症状，吃的食物刺激，生活规律与否，甚至个人体质都有可能引起上火。

如果你是爱上火的人群，就试试这个"闭气疗法"吧，保证不会让你失望。最后告诫大家平时要少吃点刺激性的食物，清淡为好。再者就是生活习惯要有规律，少熬夜，还要保持健康开朗的生活态度。

每天握拳，治疗"手抖"

小曹今年25岁，是一位私营公司的会计，去年上半年来找我看病，我问他怎么了，他说他的手平时会发抖，我让他伸出手看一下，刚一伸平，我就看到他的手开始抖得很厉害，于是我就问他："你这个情况出现多长时间了？"

他想了一下说："我记得大概十几岁的时候就有这种症状，当时我爸带着我找过医生，医生说是什么特发性震颤，对日常生活没什么影响，就给取了点药，都没太在意，我也就慢慢地习惯了。"

我笑着说："这个病确实是很难治，正如你所说，也没什么大碍，你现在怎么想起来治疗了呢？"

他说："现在我看着别人都很正常，心里就不得劲。吃饭的时候，我拿个筷子夹菜都晃得很厉害，前段时间交了个女朋友，正是因为我的手抖跟我分手了，这病不治是不中了。"

我听后对他说："这个病虽然难治，但是通过锻炼配合少量药物的治疗，还是能够治愈的。"

他听后像是在无助的黑夜中看到了一线光亮，忙问我方法，我对他说："其实方法非常简单，那就是经常用力握拳。可能你听了会产生怀疑，但是它对治疗手抖效果真是很好，只是这方法过于普通而不容易让人相信。"

小曹通过锻炼，两个月后双手明显没有以前抖得那么厉害了，我告诉他，只要坚持进行握拳锻炼，假以时日，这个病就会好的。

以两手用力握拳，能够强化手掌筋骨之力，从而强化手部末梢神经，来促进手臂的健康。这一个动作，传说是源自"达摩易筋经"，对于强壮身体，颇有实效，据说岳飞曾练过此功法，造就其过人的臂力。

其实我们每个人都会出现手抖的情况，只是大部分人是生理性抖动，幅度小而速度快，多在静止时出现，是一种细小的、快速的、无规律的抖动。生理性手抖常在精神紧张、情绪激动、恐惧、剧痛及极度疲劳的情况下出现，一旦引起手抖的上述原因消除，手抖也随之消失。

手抖的病理性因素中最普遍的就是特发性震颤，这种病主要累及上肢和头部。主要表现为做精细动作时出现手抖，如写字、持筷子、扣纽扣等。情绪紧张、疲劳时手抖更明显，于精神放松或休息时减轻或完全消失，喝酒后症状可减轻，神经系统检查除手抖外无其他异常。

这个病服药可以改善症状，但停药后又会复发，所谓"治标不治本"。用这个握拳的锻炼方法配合药物治疗，不仅可以使药物的用量减少，而且能够收到更好的效果。

最后告诉大家，这个方法不仅对特发性震颤引起的手抖有用，而且对患有帕金森、甲亢而引起手抖的患者也是很有好处的。

上肢麻木，做"颈功"锻炼

手脚麻木是人们日常生活中常常会出现的症状，如怀孕、不正确睡姿、如厕蹲久了均可引发，一般会在短时间内消除，不会有什么大问题。但是，有的人手脚麻木后长时间（超过一天）无法缓解，就是病理性麻木了。

前年，我一个朋友的妻子生了一个男孩，刚坐完月子发现自己两手的中指、无名指、小指一直到胳膊的外侧，感觉麻木，而且有蔓延的感觉，有时候会持续几个小时不见好转。

后来，朋友向我咨询情况，我听后，告诉他让他老婆来做个检查看一下，第二天他带着老婆来了，我就问她："你什么时候出现的这个麻木情况？"

她说："之前怀孕的时候出现过但没这么严重，坐完月子后发现麻木得很厉害。"

听了她的话后，我让她去做了一个颈部的 X 线检查，发现她有轻微颈椎病，是颈椎增生的骨刺压迫神经造成了麻木。

吃药是治疗的常用方法，但她正在哺乳期，显然不适合，可以采取牵引的治疗方法，但是得经常来医院。考虑到她的不方便，我给他介绍了一个效果和牵引治疗一样好的锻炼方法，平时在家自己就能进行。

"颈功"锻炼

两手十指交叉抱后枕部，两手与颈对抗前俯后仰 3～9 次；以前臂运动带动两掌，两掌根部着力，撞击项部 3～9 次。

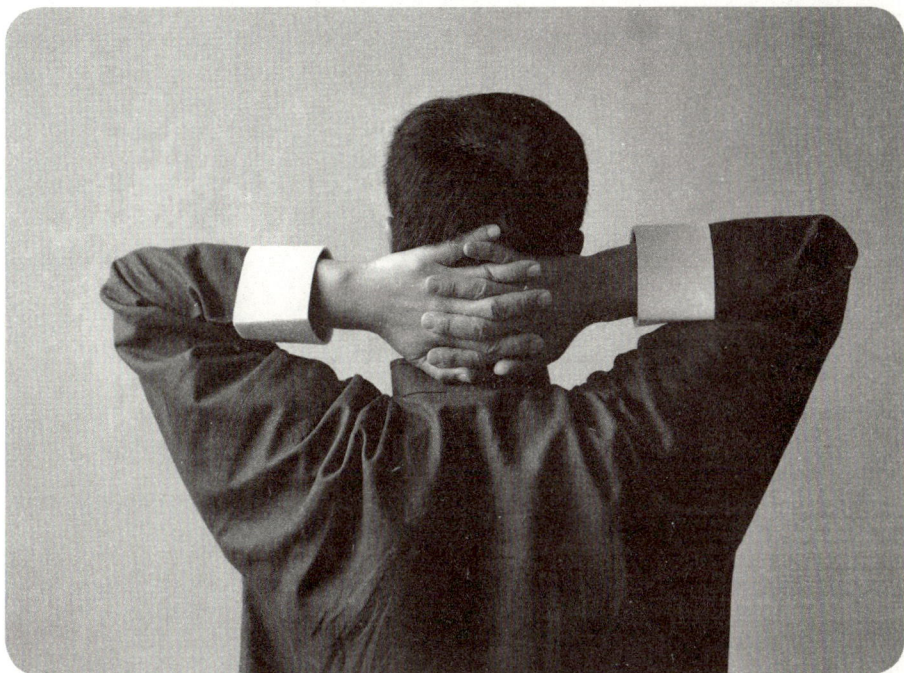

　　她坚持这个方法做了几个月后，上肢的麻木症状减轻了。去年过年时和朋友一块儿吃饭，我问他弟妹的情况，他说早就好了，现在很正常。

　　引起上肢麻木的原因有很多，如风湿着凉、劳累过度、气滞血郁等，但是颈椎病是最常见的原因，如果你身边有人经常有上肢麻木的症状，可以让他们到医院做个检查，一旦确定是颈椎病变引起的，就可以运用上面介绍的这个方法。

　　上肢麻木会让患者很痛苦，抓东西不稳，精细活儿也做不了，甚至会让患者怀疑自己是不是得了什么大病，严重影响工作、生活和心情，所以出现这种情况一定要及时治疗，不能让它长时间逗留。

　　这个方法是我通过长时间经验积累，然后总结出来的，对治疗颈椎问题引起的麻木效果很好，能够有效缓解神经压迫，促进血液循环，进而达到治愈麻木的效果。

　　用这个方法可以减少吃药的剂量，甚至不吃，又可以减少去医院做康复理疗的次数，既安全又方便，同时又节省了不少开支，是个明智的选择。

最后提醒大家，为了防止病理性麻木的出现，平时一定要避免长期保持一个姿势工作和学习，尤其是低头工作学习，每 1 小时就要休息 10 分钟左右。另外，枕头不合适，也可能导致这个疾病，在睡觉的时候要注意调节枕头高度，切记切记。

把腹胀揉下去

腹胀是胃、肠道出现毛病的一个症状，张嘴咀嚼、边吃边说话、狼吞虎咽（同时吃进许多空气）、边吃饭边喝汤（将胃中的消化酶冲下消化道）等，都容易造成消化问题带来胃、肠胀气。它虽然是大部分人都会遇到的小毛病，但是会让你吃饱了就难受，甚至连呼吸都难受，困扰着很多人。那么，老是腹胀该怎么办呢？下面我就给大家介绍一种能够有效解决这个毛病的好方法。

揉腹消胀治疗法

将两手搓热，右手心捂于右下腹相当于耻骨结节上，距正中线约 2 寸的"气冲"穴处，左手掌心沿大肠蠕动方向绕脐作圆周运动，即右下腹→右上腹→左上腹→左下腹→右下腹，如此周而复始 100 次，再搓热两手，以左手捂右下腹，右掌搓丹田 100 次。如果是男性练习者可改为一手用掌心托兜住同侧阴囊，另一手搓丹田 100 次。"气冲"和"丹田"这两个穴位都是人体大穴，找起来也很容易。

小马是一位刚参加工作的大学毕业生，跟我一个单位，学的是骨伤外科，现在正在转科实习，去年结了婚，单位离他丈母娘家比较近，中午下班总是去他丈母娘那儿吃饭。

前段时间他来找我说："老师，我总是肚子撑得慌，中午在我岳母家吃饭，她总是给我盛很多，最后还非得再给我加些，经常这样，我想她也是对我好，也不好意思跟她说，现在基本上每天都腹胀，不管吃的多还是少，我也不太懂这方面的东西，你给我说个方法治治吧。"

听了小马的话，我笑了笑说："你丈母娘对你还真是好，不过可能好心也会做坏事啊，你这腹胀就是之前饮食不规律，暴饮暴食引起的，其实也没什么大问题，我给你说个方法自己在腹胀的时候做一下，过一段时间就会好了。"

我给小马说的方法就是上面介绍的那个，他现在腹胀的毛病解决了。

消化不良、胃病会引起腹胀，食物过敏也可能是引起腹胀的原因，它们会使食物在结肠发酵，产生氢气及二氧化碳，腹胀的感觉就来源于此。另外，生活压力、情绪紧张、缺乏消化酶等，均可能引起腹胀，所以大家一定多加注意。

腹胀虽是小病，但是如果不及时治疗，会使身体产生其他问题。它的危害一般是饭后饱胀、嗳气，坐卧不安，茶饭不思，但是肠腔内潴留的食糜在细菌的作用下发酵腐败，产毒产气，被机体吸收，会加重病情。另外，腹腔胀气，会使横膈升高，胸腔变小，肺呼吸功能受到限制，可引起呼吸困难。

所以，如果发现自己有腹胀的情况，就要及时治疗，不能让病情继续发展。现在用于治疗胃肠疾病的药物有很多，但是它们总体上治标不治本，还会给内脏造成伤害，还是少吃为好。在闲暇的时候，按照上面说的方法步骤进行锻炼，完全可以治好你的腹胀。

另外，我告诫大家，每餐饭少吃一点，半饱就可以了，选择容易消化的食物，如稀饭、馒头、肉末粥、鸡蛋面等，细嚼慢咽，便于消化和吸收。

⚘ 运动是"排石"的好帮手 ⚘

有一部很受欢迎的电视剧叫《男大当婚》，剧中有一段这样的故事：徐峥饰演的曹小强半夜突发急性肾结石，疼痛难忍，独自去医院诊治。

结果，在医院遇见了熟人赵凯，赵凯是这家医院的医生，她为曹小强做了检查，开了药后，并交代曹小强每天多喝水，多做做运动，最好是做原地起跳运动，可以把结石排出来。曹小强回去后非常听话，当晚就像小兔子一样在屋里跳来跳去。

看到这一幕，很多观众会心一笑，以为赵凯是在戏耍曹小强，其实大家不知，运动真的可以有助于排石。

上大学那会儿，班里有个男同学，有一次我们正在打篮球，他突然弯腰说肚子疼，还出现了呕吐，我们一看，赶紧送他上医院。幸好我们就是医学院的学生，医院跟学校就在一起，到了急诊科，我们说是本校的学生，老师赶紧问我们是怎么回事。我们把情况一说，老师又问他，平时肚子是不是感觉隐隐作痛，那个同学忍着痛点了点头，老师让他做了个超声检查，最后确诊是患了肾结石。当时老师给他开了点药，然后特别强调他，说结石不大，要多蹦多跳多喝水，还详细给他交代了方法。这个同学听了以后，回来就每天喝水加运动，果然在一次小便的时候，把结石排出来了。

后来我当了医生，就系统地学习了这种锻炼方法。其实，运动排石的原理很简单，肾结石顾名思义就是肾脏里长出了石头，身体通过频繁的震动，可以促使结石坠落，进而随着尿液慢慢沿着输尿管、膀胱、尿道排出来。

后来我在门诊上接诊了很多肾结石的患者，我都建议他们进行这种锻炼。记得有一次我接诊了一位肾结石患者，患者体内结石很小，最大的也就3毫米。于是，我建议他尝试一下运动排石法。

运动排石法

原地直腿跳跃：患者直立在原地，然后深蹲、摆臂、蹬地用力向上跳起，落地后，再深蹲，并连续重复上述跳跃动作。5～10次为一组，每周练习2～3次。

原地收腹跳跃：患者半蹲在原地，然后收腿、收腹、摆臂用力向上跳起，下落后还原为半蹲状，并连续重复练习上述动作。每周2次，每次练 3 组，每组 10 ~ 20 个。

原地跳起旋转：患者半蹲在原地，然后摆臂跳起，并旋转 90° ~ 360°，下落后还原半蹲在原地，并连续重复练习上述动作。每周 2 次，每次 5~10 个。

运动之余还要记着多喝水，这样才可以把碎石输送出去。半个月后，患者再来做检查，结石已经不见踪影了。

一般来说，只要小于 5 毫米的结石，都可以采用运动的方法治疗。超过 5 毫米或是更大的，才会用体外碎石或手术取石的方法。只不过，现在体外碎石技术已经很普遍了，患者一听得了结石，首先想到的便是通过机器碎石，很容易忽略最简单、最普通的治疗方法。

患了肾结石的朋友，只要 B 超检查后，结果显示结石的大小不足 5 毫米，不妨动动自己双腿，通过自己的努力把身体的结石排出去。这样的话，不仅能把病治好，你的身体还会变得更加强壮。

🏃 慢性胃炎药难治，腹部体疗是好方 🏃

一天下午，我刚开始坐诊，一位 70 多岁的老太太便捂着肚子慢吞吞地走了进来，我看老太太行动不便，便连忙起身将她搀扶到座位上。

落座后，待老太太平缓了呼吸，我才问："怎么了，大娘，看您捂着肚子，是胃不舒服吗？"

老太太点点头说："对，对。今天中午吃了一碗饺子，好像是搁胃里了，疼的我直冒冷汗呀。"

我听了，用手轻轻触按了下老太太的胃部，问道："那您现在还疼吗？"老太太咬了咬牙回答说是。

我当时分析，老太太是 12 点多吃的午饭，找我看病时已是下午 3 点 20 左右，这期间已经 2 个多小时过去了，吃的食物也消化了大半，按理说不应该再出现疼痛感了，所以我断定这不是简单的吃多了。

于是，我便让门诊护士陪老太太做了个胃镜，结果发现胃黏液增多，并且有灰白色渗出物，病变处黏膜红白相间像麻疹一样，这是浅表性胃炎的胃镜下表现，属于慢性胃炎的一种。

胃黏膜是胃的保护层，分泌胃酸、黏液等物质，它们都可以帮助消化食物，防止胃部受到过热、过冷、过硬等刺激性食物的伤害。如果胃黏膜出现了炎症，那出现灼痛、胀满、痞闷的情况是在所难免的。

理清了病情，我便对老太太说："大娘，您这不是因为中午的饺子搁胃里了，是慢性胃炎惹的祸。"

老太太听了说："慢性胃炎不就是胃病嘛，听说胃病去根难，那岂不是很难治嘛。"

我说："胃病难治是因为得常年养，很多人没有这个毅力。不过呀，我待会儿再给您开一副运动处方，在药物治疗的基础上通过运动疗法改善腹腔血液循环，帮助消化，解痉止痛，可以缓解炎症，起到事半功倍的效果。"

随后，我便给老太太开了一些西咪替丁之类的药，并写了一副运动处方。

慢性胃炎运动处方

早上起床和晚上临睡前，先取坐位或躺在床上，先用一只手绕肚脐顺时针进行揉摩，然后用另一只手反方向进行揉摩，各40~100次。按摩要适当用力。然后，用一手拇指或食指、中指、无名指三个指头在胃的位置，缓慢用力向下点按，按到不能再深的程度，然后慢慢抬起再来一次。点按5~10次。

虽然说"病来如山倒，病去如抽丝"，但配上我的运动处方，老太太的慢性胃炎好得特别快，不到半个月的时间，患者痞满、胀痛、烧心的感觉就没有了。

慢性胃炎，听名字就知道这病得起来绝非"一日之寒"。慢性胃炎是因为长期饮食不注意引起的慢性胃病，特别是年轻人喜欢浓茶、烈酒，吃饭总觉不够味，拼命加辣椒和盐巴，胃黏膜在长期刺激下慢慢便出现了损伤。衣服破了再补起来就很难，老人讲"养花、养鱼、别养病"，所以平常大家一定要多注意健康饮食，胃部出现不适就赶紧去医院，别仗着年轻就硬挺着，毕竟身体是自己的。

胃肠溃疡，多做"胃肠运动"

小郭刚参加工作，在市中心的一家私人企业上班，因为附近房子不好租，只好在郊区居住，每天早上都是急匆匆地赶公交车上班。这是他来医院找我看病时，我了解到的情况。

那是一个周日的上午，我刚上班不久，他就进来了，面色凝重地对我说："医生，我最近总是感觉到肚子疼，好像是胃的位置，多在吃饭后半小时出现，持续1~2小时后逐渐消失，再次吃饭后疼痛就又会出现，你给我看看是怎么了。"

我通过叩诊确定他的疼痛部位确实在胃部，就让他去做了个胃镜检查，结果显示他这是患了胃溃疡，就问他的日常生活习惯，他告诉我说，由于上班时间的原因，他经常早上不吃饭，或者是急匆匆地在路边买些吃的边走边吃。

这就对了，不良的饮食习惯是引起胃溃疡的主要原因，生活中有很多的患者由于饮食常常饥一顿，饱一顿，经常不吃早餐，有时又暴饮暴食，加之生活无规律，让胃肠病有了"良好"的土壤。

尤其是一些上班族，为了节省时间，早餐在路上解决，"消化"是一项紧张而繁重的工作，需要充足的血液，如果这时人体处于运动中，必定会影响到它的正常消化功能，最终导致胃肠溃疡的出现。

胃就像一部每天不停工作的机器，食物在消化的过程中会对黏膜造成机械性的损伤，长期如此，就会造成胃溃疡。

我给小郭说明了发病原因，然后给他取了一些药，同时给他说了一套锻炼疗法，并嘱咐他一定要坚持练习，效果很好。这个方法叫作腹式呼吸法，因为能治胃肠的病，所以经常叫它"胃肠运动"。

所谓"胃肠运动"就是一种凹缩腹部又放松它的动作，因为练时必须配合呼吸，所以名为腹式呼吸法。

腹式呼吸锻炼法

吸气时收腹，呼气时松腹，叫作"逆呼吸"；吸时松腹，呼时缩腹，叫作"顺呼吸"，反复做这两个动作就行。

大概三个月后，小郭来找我复查，胃镜检查显示他的胃溃疡已经痊愈了。他说我第一次给他开的药吃完之后就没再取，闲暇的时候就照我说的方法练习，没想到效果真神奇。

这个方法不仅对胃溃疡有好的疗效，十二指肠溃疡患者也可以这样锻炼。平时胃肠不好的人坚持此法的锻炼，也能够强健胃肠功能。

胃肠溃疡危害很大，它会使人们的生活一团糟糕，使我们远离了各种美味可口的食物，所以一定要注意做好预防工作。一旦确诊自己患有胃肠溃疡，就要引起重视，及时做好治疗工作，否则还有癌变的可能。

对胃肠溃疡的患者来说，采用"胃肠运动"的方法来治疗是不二的选择，方便、简单，还没有药物副作用，但是如果胃溃疡比较严重，甚至出现出血、梗阻等并发症，该手术还是要手术。

用锻炼保护大脑『司令部』

摇头晃脑防治中风

中风大家都听说过，也看到过，中风患者深受其害，但它具体是什么呢？

医学上讲中风是一种突然起病的脑血液循环障碍性疾病，又叫脑血管意外。是指脑血管疾病的患者，因各种诱发因素引起脑内动脉狭窄、闭塞或破裂，而造成急性脑血液循环障碍的疾病。它常见于中老年人，其发病率、致残率较高，严重影响中老年人的健康。

人们都知道中风对人体危害是巨大的，也知道中风引起的偏瘫更是数不胜数。有的老年人只是睡了一觉，第二天一半的身体就失去了感知能力。这一点我深有体会，我的一个亲戚就是这样发病的。

对于中风，据不完全统计每年发病的人数约有 200 万，患者不同程度地失去了劳动能力和生活自理能力，每年死于该病的人数更是达到了120 万左右。

引起该病的原因有很多，情志郁怒、饮食不节、劳累过度、气候变化、血液瘀滞等都会引发此病。暴怒则顷刻之间肝阳暴亢，气火俱浮，迫血上涌而发病；过食肥甘醇酒，脾失健运，聚湿生痰，痰郁化热，引动肝风，夹痰上扰，可致病发；操持过度，形神失养，以致阴血暗耗，虚阳化风扰动为患；入冬骤然变冷，寒邪入侵，可影响血脉循行，早春骤然转暖之时，正值厥阴风木主令，内应于肝，风阳暗动，也可导致本病发生。

中医讲"中"为打击之意，又为矢石之中；"风"善行而数变，又如暴风疾至，古人将此类疾病症状与所观察到的自然现象联系起来，用比喻的方法为疾病命名，中风就此得名。

不管是何种原因引起的中风，最终都是因为头部血管的抗压力不够，所以要想减少中风的发病概率，就要提早做好预防，特别是老年人。

健康的生活离不开健康的生活习惯，我给大家说一个简单的方法，只要能够坚持锻炼，就能预防此病。

摇头晃脑锻炼法

每天闲暇的时候，不停地上下点头、左旋右转脖颈。这样可以增强头部血管的抗压力，并减少胆固醇沉积于颈动脉的机会，进而预防中风的发生。

对于已患中风的人，这个方法同样有治疗的作用，在用药的同时坚持锻炼，可以减少药物的用量。另外，已得过脑中风的患者，还易再复发，每复发一次，加重一次，后果更为严重，采用上边说的这个方法是最正确的选择。

其实，心态的健康是身体健康的重要组成部分，所以良好的心态是中风后身体恢复的重要因素。如果不幸罹患此病，一定要保持好的心态，同时配合药物和此方法的锻炼，坚信不久的明天你的病就会好转。

最后告诉大家平时要监测好血压，控制好血压就能降低患病的概率，同时要戒烟戒酒，不要等到躺在病床上才开始后悔，早点远离烟酒也就少些悲剧的发生。

常做"米凤操"，防治脑缺血引起的头晕、走路不稳

张大爷跟我住一个小区，经常见到他在小区里面溜达，可去年有好久都没见到他，后来才知道他是因为经常头晕，一直在家养病，很少出来溜达了。

当时他的儿子带着他来医院找我，他坐下就说："我这几天总感觉头晕，走路都走不稳，容易摔倒，现在门都不敢出了，我想着你的医术高，就来找你了，你给我治治吧。"

我听了他的话就给他做了常规的检查，发现他的血压有点高，让他去做了脑部CT，结果显示他有脑缺血的情况。他头晕、走路不稳的情况就是这个原因引起的。

然后我就对他说："你这病现在还不是很严重，可以吃一些中药，饮食方面主要是以低盐、清淡饮食为主，但最重要的就是加强锻炼。"

考虑到这些，我就给张大爷开了一些治疗此病的中成药，同时给他说了一套锻炼方法，并告诉他自己要多加锻炼，锻炼才是治疗此病的最佳方法。

"米凤操"锻炼防头晕

这个方法叫作"米凤操"，就是用头写米、凤二字，可多遍循环，然后头向左绕转 9 个圈，再向右绕转 9 个圈，每天坚持做 4 次。

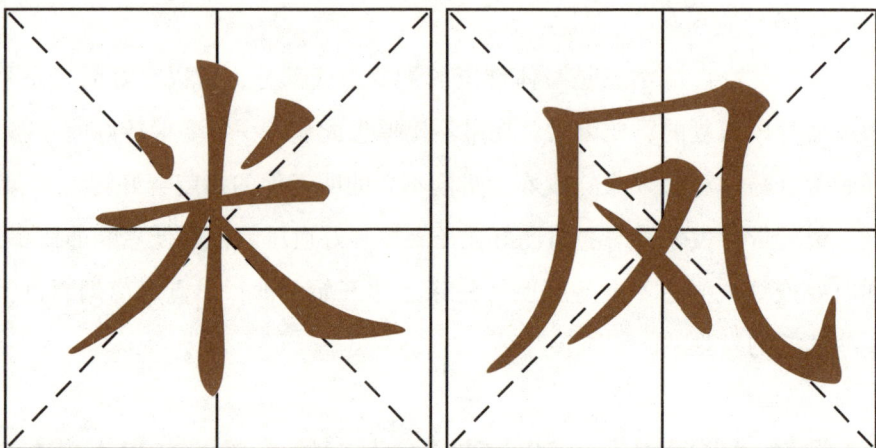

前段时间在小区的路上见到了张大爷，他说："我按照你给我说的方法一直做，现在病好得很快，没有头晕的症状了。"我听后就让他去医院做一个检查看看。

第二天，他来医院做了一个脑部 CT 检查，结果显示他的脑供血情况比之前强多了。

脑部缺血会使掌管人体运动功能的神经失灵，常见的表现如头晕无力，走路不稳或突然跌跤，突然嘴歪，流口涎，说话困难，吐字不清，失语或语不达意，吞咽困难，一侧肢体无力或活动不灵，持物跌落，有的还会出现肢体痉挛或跳动。就像是一台笔记本电脑，如果电池没有足够电力输送给 CPU，就会突然黑屏进入省电模式或者自动关机。

其中头晕、走路不稳是脑缺血最普遍的症状，也是最轻的症状。每次犯病的时间持续不久，通常是数秒钟、数分钟或数小时等，最长不超过 24 小时。往往因症状来得快，消失也快，恢复后不留任何后遗症而易被人忽视。实际上，它的症状虽轻，但后果严重，如不及时治疗，有可能产生严重的脑梗死，而威胁患者生命。

所以，如果出现脑缺血引起的头晕，一定要引起重视，及时治疗。因为它是一种缓慢进行的病，单纯用扩血管药物，其作用比较有限，甚至在大量用药的情况下还可能发生隐性脑梗死，结果得不偿失。在吃药的同时配合"米凤操"的锻炼，不仅能够使服药数量减半，还能有效地治疗此病，是个理想的锻炼方法。

大家身边不乏这样的患者，或亲朋好友，或亲戚长辈，你忍心看他们整天因为头晕而唉声叹气、因为走路不稳而"窝"居家中吗？不妨让他们也常做一做"米凤操"。

抬眉闭眼动动嘴，才能让面瘫好得更快

早晨八点钟，我准时坐门诊，来了一个年轻人，看到我跟我打招呼，面无表情。我仔细一看，嘴角有点歪斜。他坐在我跟前，还没说话，一丝口水就从嘴角流了出来。

"是不是来看面瘫的？"我问。

这个人一听我的话，连说"就是，就是"，还说我太厉害了，一眼就看出了他的问题。我笑了笑，对于大夫来讲，发现他这么明显的疾病真不算什么技术活儿。

面瘫这种病，以前很少人得。为啥呢，头为诸阳之汇，头面部的阳气非常充足，另外，人的脸是个非常"勤快"的部位，因为人每天喜怒忧悲恐，高兴的时候哈哈大笑，尴尬的时候瞠目结舌，忧伤的时候眉头紧皱等，面部表情都在不停地"锻炼"着面部的肌肉。但是，现在有个

不好的现象是，大家整天待在空调屋里，不出门不流汗，这时候寒邪就悄悄地潜伏在头面部，这时候你再吹一次凉风，就容易受寒引起面瘫。

这个人说，一个月前，和几个朋友去吃火锅，因为是夏天，就找了一个离空调比较近的位置，冷风对着整个饭桌呼呼地吹，朋友们一边喝冰啤酒一边吃火锅，直呼过瘾。但是第二天早晨醒来以后，我的嘴就歪了。他去一家医院看病，治了一个月，也没有太大效果，就来找我看看。

其实，面瘫也就是我们俗称的"吊线风"，主要表现为患侧口角歪斜、鼓腮漏气、抬眉不举。对于青壮年，单纯性面瘫不同于中风，而是单纯由于生活不规律，喝酒、熬夜、受寒、感染等引起的周围型面神经麻痹。

我当时给他开了针灸、红外线理疗等治疗单。特别叮嘱他，这种病，光靠大夫不行，跟寒邪有直接关系，你看我开的治疗单，无论是针灸，还是红外线理疗，说白了都是温阳活血、疏经通络的。所以，你自己得主动去康复。另外，我给你做针灸、红外线理疗，一天一次，也就是几十分钟，但是你自己，什么时候都可以进行锻炼。

抬眉闭眼动嘴锻炼法

抬眉运动：有节律地、用力将双眉抬起；

闭眼运动：有节律地用力挤眼使上下眼睑闭合；

鼓腮运动：闭住双唇，有节律地鼓起双腮，使之不漏气；

吮嘴运动：用力吸吮双颊使嘴噘起呈 O 形，两颊内陷；

浴面运动：搓热双手，双掌进行面颊部、眼部、额部按摩。

每天五个运动依次做 6～10 遍，每天做上七八次。

这个人每天来找我做一次针灸和红外线理疗，但是面瘫好得出奇得快，六天，就全好了。我就问他是不是按我说的天天锻炼，他说，是的，闲暇的时候就把那五个步骤做一遍，一天能做上十几次。

我说，怪不得呢！其实，通过主动的面肌功能训练主要是增加局部组织的血液循环，同时，可以促进神经兴奋，有效地防止失用性萎缩，促进了运动功能的恢复，使受损的面神经髓鞘和轴突得以再生和康复。

我对他进行局部的针灸等，其实也是这个道理。

当时我周围还有其他病人，我就跟他们说，大家看看，患者如果积极配合锻炼，就能缩短治疗的时间，自己也会少受很多罪，还降低了自己的医疗费用，为什么不早接受这些好方法呢？

鼾声四起未必是睡得香

有很大一部分人认为，打呼噜是睡眠质量好的表现。但其实在临床上，打呼噜也是威胁人体健康的一种疾病。如果不及时纠正或治疗，还有可能造成记忆力衰退，轻则无精打采，严重的还会诱发死亡。

芩女士找我看病，倒不是因为她自己出现了打鼾现象，而是每天晚上她被丈夫的呼噜声吵得睡不着觉。

芩女士说："我丈夫是一位通讯工程师，每天都要下工厂排查调试通信设备，工作很累，晚上打鼾的声音感觉能把房顶震碎，吵得我根本睡不着。好几次我都想和他分居睡，但又怕说出来伤他的自尊心。所以，我想背着他给他开点药，能把呼噜声降一点也是好的。"

我听了笑着对她说："打呼噜是一个非常严重的疾病，有时候还会引起呼吸睡眠暂停，非常危险，你一定要让他引起重视。"

随后我解释说，白天的过度疲劳是夜晚打鼾的充分条件，但打鼾本身是一种身体的不良反应。人在白天过度兴奋后，咽喉软组织在晚上要比平时更松弛，导致呼吸道变窄，引起气道堵塞，产生呼噜声。每打一声呼噜，就预示人体有 300 ~ 400 秒是处于无氧摄入的状态，每持续 4 ~ 6 分钟，就会引起一定数量的脑细胞发生不可逆性的死亡，这样夜复一夜，年复一年就会导致记忆力减退，白天精神不佳，哈欠连连。如果患者本身有高血压、心脏病，短暂的缺氧还会诱发这些疾病发作。

芩女士听了，不禁连连惊叹。忙问有什么办法能够改善。

　　我说，鼾声的真正源头是松弛的咽腔肌肉，最根本的解决方法就是锻炼咽腔肌肉，增强咽腔肌肉的力量，使它变得结实，平常不妨多做以下这些运动。

咽腔肌肉锻炼法

　　伸舌练习：尽力把舌头伸出，缩回来再尽力伸出，如此循环，一次做至少 200 下以上，直到咽腔感觉很酸。

　　干漱口练习：不含水，把腮帮子鼓起来，再缩回去，如此循环，一次做至少 200 下以上，直到咽腔感觉很酸。含水漱口也可。

　　扫牙龈练习：用舌头快速扫过牙齿外侧（脸颊侧）的牙龈，先舔上颚的牙龈，快速从左扫到右，再从右扫到左，一次做 50 下以上。然后同法舔下颚的牙龈，直到咽腔感觉很酸。

　　卷舌练习：舌头顶着上颚，用力向后卷舌头，不离开上颚，一次做 50 下以上，直到软腭感觉很酸。

　　通过咽腔锻炼，使咽腔肌肉变得结实紧致，富有弹性，使呼吸道变宽，即使在熟睡时，完全放松的肌肉所占的体积仍然远小于原来的体积，软腭下垂的程度也减少，呼吸道就宽阔了。气流冲击结实的肌肉也不会导致振动，呼噜声就没有了。

　　伸舌练习、干漱口练习和扫牙龈练习都是锻炼整个咽腔肌肉，最后一个练习则是单独针对软腭的强化锻炼。初次锻炼时，做到 50 下，就感觉咽腔很酸，这恰好证明了原来的肌肉是很无力的，所以大家一定要坚持。

　　因为人的咽腔肌肉在平常几乎得不到锻炼，所以只需要稍微锻炼，就会起到很大的效果。芩女士督促她丈夫练了一个星期，打鼾声的频率和声音都下降了。

　　现在很多医院推出了鼾症手术、阻鼾器、止鼾枕头，甚至还有止鼾睡衣等，这其实都是惰性治疗，没有发挥人的主观能动性，同时也没有找到鼾声的根本源头——松弛的咽腔肌肉，所以都不能长期有效。

另外，对于打鼾比较轻的患者还可以采取侧卧位睡眠姿势，尤以右侧卧位为宜。采取侧卧位睡眠姿势可以避免在睡眠时舌、软腭、悬雍垂松弛后坠，加重上气道堵塞，也可以有效地减轻夜晚鼾声四起的症状。

偏头痛的简单自我治疗

周杰伦有首歌曲叫《公公偏头痛》，一句"公公他偏头痛，说银两不够重"将现代官员以头痛为借口趁机索贿之风讽刺得入木三分。当然，我举此例并不是为了针砭时弊，而是就病论病。大家想，为什么当官的要以"偏头痛"为由索贿呢？那是因为偏头痛主要是由于情绪紧张、精神焦虑引起的，话外之音就是这件事不好办，会让我很费心，你得多给钱嘛。

偏头痛是一种反复发作的搏动性头疼，在众多头痛类型中属于"大户"。现在越来越多的年轻人也会出现偏头痛症状，跟生活节奏快，工作压力大，生活过得不舒心，情绪抑郁，变化剧烈，以及各种事务使人的大脑神经持续处在紧张状态有很大关系。

菁菁是一名高三学生，高考的前三个月突然出现头痛不适。来找我看病的时候，菁菁描述说就跟戴了紧箍咒一样，每到下午5点在班里上自习的时候，"唐僧就准时念紧箍咒"，发病的时候就像针扎一样，疼痛难忍，眼睛发昏，自己完全没法学习。菁菁头痛的位置是左眼后上方，根据患病部位，我将其确诊为偏头痛。

偏头痛治疗起来说简单也简单，几片阿司匹林或布洛芬就可以缓解。但是，偏头痛又不是单单依靠几片镇痛药就能解决的。偏头痛的发病原因有众多社会因素，就拿菁菁来说，她现在正处于高考期，学习压力过大，用脑过度、睡眠不足这些致病因素是无法改变的，除非她放弃学业。所以，一两片镇痛药能止菁菁今日之痛，却止不住明日之痛。

不过，我告诉菁菁不要担心，当药物解决不了的时候，一定不要忘记强大的功能锻炼。我们身体抗病能力的潜力是无限的，只要我们愿意费力气去挖掘，总能找到治病的好方法。

我对菁菁说："我教你一套锻炼方法，这个办法不但可以治愈你的头痛，还可以起到预防作用，你学习之余就抽空做，只要坚持就能把你头上的紧箍咒摘掉。"

具体方法

1. 头部向四周旋摇，同时缩颈耸肩，左右交替共做 10 次。然后头部不动，臀部坐在凳子沿上，上身带胯向四周旋摇，左右交替共 10 次。前俯时吸气，后仰时呼气。

2. 取站立位，两脚与肩同宽，上肢伸直，以肩关节为轴心做最大幅度旋转，上举时扩胸吸气，下落时缩胸呼气，共做 10 次。随后双手五指并拢点按胸前壁外上方，距前正中线旁开 6 寸处，也以肩关节为轴心大幅度旋转，共 10 次。

3. 取站立位，两脚分开比肩稍宽，屈膝做半蹲势，双手分开垂于体前。先向左后方慢慢转体，同时吸气，重心移至左脚，右脚虚点地，双手向左后上方尽量上举，双目注视双手中空隙片刻，然后双手慢慢下落，身体恢复到原来姿势，同时呼气。再换右方向做 1 次，左右各做 10 次。

4. 拇指在前，四指在后，叉腰站立，两脚分开比肩稍宽，臀胯部在空中划水平圆圈，整个人形似陀螺，左右方向各旋转 10 次，向前时呼气，向后时吸气。

5. 取站立位，两脚分开比肩宽，双手掌心向上放在腋下，吸气后双手慢慢向前平伸，同时慢慢吐气并做骑马势下蹲。吐气完后慢慢起立，再吸气，双手向两侧分开如划水状，并回到腋下，呼气。重复以上动作共做 10 次。

6.取站立位，双足分开为肩宽 1.5 倍，先把重心移至左脚，并向左后方转体，右上肢向左后上方尽量伸展呈抓物状，并抬头向上看，同时吸气。然后右手下落翻掌向上如持物状，慢慢向右转体，同时呼气。左右交替共做 10 次。

菁菁回学校后，每天寝室熄灯后都独自做一遍，一周后果然不再头痛了。如今，菁菁已经顺利考上了大学。

在美国，偏头痛患者更多，病情更严重，官方数据显示每年因偏头痛而造成的社会经济负担为 10 ～ 17 亿美元。所以，美国的医生和患者本人都非常重视功能锻炼。现在，我们的社会也在快速发展，每个人都背负着不轻的压力，不过压力亦是动力，压力我们不易抛，但绝不能因为它损害了身体健康。所以，当大家陷入为工作而发愁的境地时，一定要抽时间做一下这套运动，不要等到戴上"紧箍咒"之后再想办法怎么摘下来。

🦶中风后足内翻，及早做锻炼🦶

中风是一种常见病，然而中风后好多患者都会出现有"足内翻"的症状。"足内翻"是患肢肌肉痉挛，失去正常收缩和放松功能，踝关节不能活动，人在站立、行走时脚尖下垂、脚掌翻向内侧。

虽然部分足内翻患者也具有一定的行走能力，但由于受其异常步态的影响，结果妨碍了踝部功能的进一步恢复，这些行走姿势都属错误的运动模式。

足内翻多出现于中风急性期后，下肢肌力开始恢复，肌张力也由低下变为亢进，或进入痉挛期并出现联合反应和共同运动。在足内翻初期，仅表现行走时足底前外缘着地，足下垂，踝关节软弱支撑乏力；中后期随着肌张力不断增高，足跖屈亦越来越明显，足跟着地困难，足趾屈曲，内翻的踝关节也逐渐僵硬，并伴随着膝关节共同运动。

老李是我朋友的一位熟人，他前年患中风，曾经托我诊治过，后来在医院住院治疗，现在病情好转了许多，但出现了足内翻的症状。

去年，朋友带着他一块儿来找我，坐下后他对我说："我这中风虽然是没什么大的问题了，但是现在脚好像出问题了，走起路来很吃力，你给看看是怎么回事。"

我听了他的话，立马就意识到肯定是中风后出现足内翻的症状了，我让他把鞋脱了，看到他的双脚明显有内翻的情况，正是足内翻。

他这种情况药物起不到很好的作用，最好的治疗方法就是功能锻炼。

足内翻矫正锻炼法

侧卧膝外翻：患者侧卧，患膝屈曲约30°，让脚抬起。

俯卧膝外翻：患者俯卧，患膝屈曲约30°，患足置另一腿上，让脚回到小腿的平面与床面垂直的位置。复位，重复。

斜坡足外翻：患者站立，患脚置于15°的斜坡上，使患足成被动外翻位，让家人坐后面辅助控制髋和膝，让另一侧下肢抬起。复位，重复。这是先使足处于被动外翻位，使患侧外翻肌群在另一足下落时做离心收缩。

趾背伸：患者仰卧，患膝屈曲约60°，患脚踩床，家人压住大脚趾，令 2 ~ 5 趾抬起。复位，重复。

膝内旋：患者俯卧，患膝屈曲约 90°，令脚向内旋转。家人帮助复位，重复。

踇屈曲：患者仰卧，家人固定患侧 2 ~ 5 趾使背伸，令大脚趾屈曲。复位，重复。

此运动治疗旨在提高患者对踝关节的控制能力，克服足内翻，进一步改善步态。老李经过半年时间的锻炼（当然离不开老伴的帮助），现在步态明显正常了，走起路来虽然没有健康人那么自然有力，但至少不再困难。

其实，得了中风后，完全可以通过运动锻炼来防治，而有些患者得了病之后，认为卧床养病是最好的选择，不愿下地锻炼，长此以往，就会出现中风后肢体麻木、足内翻的情况。

如果出现了中风后足内翻的症状，一定要引起重视，否则将越拖越严重，恢复起来也更困难。所以，一旦发现，就尽快按照我上面写的方法来进行锻炼，这样能够及早治愈，减少痛苦。

🐾 画个钟表就能早期发现老年痴呆 🐾

人这一辈子是"一世大人，二世小孩"。说实在的，人老了，耳朵聋了，眼睛也花了，很多方面都需要家人的照顾。特别是心理上，更像是小孩子，总不能让家人省心。

上周二我正常出门诊，刚拐进走廊，便看见一对老夫妇站在我的诊室门前候诊。

一落座，老太太就跟我抱怨。说他们原先一直很恩爱，被朋友视为模范夫妻。但是，从今年年初，老爷子不知怎么地怀疑自己的老伴在外边有外遇，经常一到晚上就借此乱发脾气。老太太解释说，都是半截身子埋入黄土的人了，哪能有什么外遇。可无论她怎么解释，老爷子就仿佛鬼迷心窍一样，一到晚上就开始找事儿。都说家丑不能外扬，这事儿老太太也没法找外人评理，只能骂他老糊涂，自己把气憋到肚子里。可这几天老头子的疑心越来越重，晚上也不睡觉，还说一睡着老伴就会去找老相好。

这个病例听起来有点哭笑不得，但出于我的职业敏感性，老太太话一落地，我便推断老爷子是患了老年痴呆。

当我把我的推论说出来的时候，一边的老头子不停地摆手否认，说不可能，自己身体一直很棒，平常连感冒也没得过。

我对他说："大爷，有时候身体虽然健康，但是心理上出现问题也是疾病的一种。您啊，先别否认我的观点，咱先做一个测试，是不是有病咱们待会儿看成绩就行了。"

于是，我递给老大爷一支笔和一张纸，让他在上边画一个钟表。这是门诊上检测是否患有老年痴呆很有效的画钟测试，准确率达 80% ~ 90%。

画钟测试老年痴呆

画出闭锁的圆（表盘），得 1 分；将数字安置在表盘上的正确位置（确保所有数字都在圆内），得 1 分；按顺序将表盘上 12 个数字填写正确，得 1 分；将指针安置在正确的位置（指针上是否有箭头，分针是否比时针长等），得 1 分。

画钟测试得 4 分为正常，3 分为基本正常或轻度痴呆，2 分多为中度痴呆，2 分以下则已经到了重度了。

老年痴呆早期多伴有空间结构功能和执行功能的减退，通过简单地画一个钟，就可检测老人的视觉记忆图形的重建能力、动作的计划性和执行功能、抗干扰能力等。

最后，老大爷的得分是 2 分，因为他在第二步的时候，不能将数字正确地画在表盘正确的位置。当我把测试结果告诉他的时候，他叹了口气说："哎，难道自己真是越老越糊涂了。"

老年痴呆是一种中枢神经系统变性病，起病隐袭，病程呈慢性进行性。主要表现为渐进性记忆障碍、认知功能障碍、人格改变及语言障碍等神经精神症状，严重影响社交、职业与生活能力。因为这个病是隐匿性的，所以家人一般不易察觉，以为是"老糊涂了"，一些家庭尽管被性情大变的老人折磨得痛苦不堪，却没有意识到是得了"老年痴呆"。

不过，老年痴呆并非完全是正常的衰老过程。老年痴呆症是脑细胞急速退化，导致的智力减退，情感和性格变化。所以，只要早期发现，早期治疗干预就可以控制脑细胞的退化。最后，我给这对夫妇开了一些药，并提醒老头子平常要多进行活动锻炼，勤动脑动手，比如练练毛笔字，弹奏些乐曲之类的，增加脑力活动，保持大脑灵活。

其实，老年痴呆并不可怕。可怕的是人们把它简单地认为是记忆力变差，或是糊涂，使老年痴呆病人在早期受到轻视。很多老年人到医院看病时，已经是老年痴呆晚期了。所以，老年痴呆病人的"早发现、早预防"非常重要。如果，你在生活中发现家里老人，突然记忆力变差，经常丢东忘西，或者是疑心变重，脾气变差等不正常的表现，不妨让他做一个画钟测试，检测一下老人判断空间结构功能和执行功能是否减退，这对发现老年痴呆倾向有较高的准确性。

用配套锻炼就能战胜神经衰弱

随着现代经济的快速发展，人们社会生活节奏加快，学习、劳动和工作竞争激烈，各种压力加大，使人们的精神非常紧张，导致相当一部分人患上神经衰弱。

神经衰弱是一种轻度的精神性疾病。患者无器质性病变，常表现为失眠、脑力不足、情绪波动大等不能自主的症状。

神经衰弱患者在患病前多有持久的情绪紧张和精神压力，多会出现诸如经常感到精力不足，萎靡不振，不能用脑，记忆力减退，脑力迟钝，学习工作中注意力不能集中，工作效率显著减退，即使是充分休息也不能消除疲劳感时，就要考虑是否患上神经衰弱了。

小昊是我一位朋友的儿子，今年高三，去年上高二的时候患上了神经衰弱，本来学习很好，因为得这个病导致成绩一落千丈。

去年暑假的时候，朋友带着小昊来找我诊治，来时对我说："孩子最近不知是怎么了，总是头晕瞌睡，看书一会儿就想睡觉。据他老师说，上课也是这样，注意力不集中，可一到晚上，他就失眠。"

我听了朋友的话，对孩子做了各项检查，发现小昊是患了神经衰弱，他的那些情况都是神经衰弱引起的。

然后，我就对朋友说："孩子没什么大病，就是有神经衰弱的情况，我给他少开点药，并结合一系列的自我锻炼来治疗，很快就会好的。"

神经衰弱系列锻炼法

自我按摩法：用手擦颜面，按摩太阳穴，可以缓解神经衰弱引起的头痛。

鸣天鼓：两手心掩耳，食指放在中指上，然后让食指滑下，弹击脑后（风池穴附近）20～30次，可听到击鼓样的声音，这对减轻头昏有一定的作用。根据中医理论，风池穴属足少阳胆经，用食指弹击风池穴实际上就是用"点叩"的手法对这个穴位进行按摩，因此有助于减轻上述症状，也有一定的预防作用。

擦涌泉：两手握热后，用右手中间三指擦左足心，至足心发热为止，然后依法用左手擦右足心。一般以擦四次为佳。涌泉穴位于足心，为足少阴肾经的起点，按摩这穴位，能引导虚火下降，有助于治失眠、心悸。

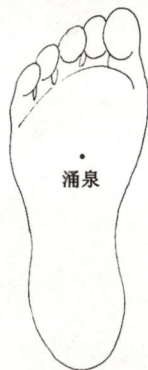

涌泉

冷水浴：在早晨起床后进行，刚开始先用温水擦身，经过一段时间锻炼，习惯以后改用冷水擦身，最后用冷水冲洗或淋浴，每次30~60秒左右。冷水的刺激有助于强壮神经系统，增强体质。因此，神经衰弱患者适宜于做冷水浴。

小昊经过一段时间的锻炼，神经衰弱痊愈了，现在学习成绩提高了，对自己的高考充满了信心。很多神经衰弱的患者，自己或者父母都会买一大堆补脑品，而这些所谓的"补药"一般也是价值不菲，而事实上，它们的作用很小，甚至微乎其微，只是对身体没有什么坏处罢了。所以，神经衰弱患者应当抱有主动跟疾病做斗争的精神，建立起对自我锻炼康复的信心，不要迷信"补药"。

坚持上面的方法来进行自我治疗效果比吃什么药都好，病也治了，药费也省了，安全还没有风险。最后告诉大家，平时可以适量做一些其他的运动，比如说打乒乓球、篮球等，对神经衰弱也有一定的防治作用。

第七篇

把「难言之隐」锻炼走

锻炼骨盆肌防治尿失禁

李大爷找我就诊的时候，已经有一年多的尿失禁病史了。

李大爷老伴去世得早，一直跟着儿子生活。一年前，他发现小便不能控制，只要晚饭吃一些带汤的食物，睡觉的时候就会尿床。他怕儿媳妇嫌弃，也不敢让家人知道，总是自己去偷偷去买些尿不湿，睡觉的时候备用。

近段时间，他的症状越来越严重，白天还会出现自流现象，不敢用力地咳嗽或打喷嚏，有时候出去散步，找不到厕所就会尿裤子。

李大爷疑惑地问我："大夫，我才70多岁，怎么身体老化这么严重呀。"

我告诉他说："大爷，您这患的是尿失禁，跟衰老没有关系！"

尿失禁是一个发病率很高但又容易被人忽视的疾病。人们忽视的原因大部分是由于患者本身羞于启齿，不敢对外人讲，就像李大爷一样，怕遭亲人嫌弃和抛弃。这其实对老年人的生活质量和身心健康，造成了很大的伤害。

我了解了李大爷的病情后，并未让他吃什么药物，而是给他开了一副"运动处方"。这副处方就是锻炼骨盆肌。

骨盆肌锻炼法

旋转骨盆： 患者取右侧卧位，全身放松，以一只手或两只手撑地，然后缓慢地使骨盆向上向前，将全身重量放在右脚上。然后再取左侧卧位，把骨盆转到左方，身体重量落在左脚上。每个方向旋转10次。

升降骨盆： 做仰卧起坐，坚持每天至少做20个左右，可以不连续。然后取站姿，腹部收紧，骨盆缓缓向上提，停一秒钟，然后放松。重复做20次左右。

晃晃骨盆： 取坐姿，左手撑地，同时抬右腿，右手扶住右腿，然后以右手的力量带动右腿晃动，进而带动骨盆的摇晃。左右脚要轮流做10

个回合。

扭扭骨盆: 取坐姿,弯曲右膝,使脚跟靠近会阴部,然后左腿往左侧伸展,并随着音乐伸展双手,扭动上身,尤其是注意骨盆部的扭动。

因为老年性尿失禁大多数是由于骨盆肌松弛,尿道括约肌力量减弱导致的。所以,这种盆底肌的锻炼可以很好地改善老年人骨盆肌肉情况。半年后,李大爷再次来,非要送我一个紫砂壶以示感谢,说现在他的病已经好了,真没想到几下简单的锻炼就能治好困扰他一年多的疾病。

有研究显示,通过骨盆肌锻炼,一半以上的尿失禁患者都可以得到改善。有憋尿困难的老人们也不妨试一试这个方法,当然,就算没有尿失禁,勤锻炼自己的骨盆肌也不是什么坏事,它还可以帮助你增强体质,改善性功能呢!

治疗前列腺炎有"特殊处方"

目前,面对着工作和生活的双重压力,男性前列腺的患病率也居高不下。据统计,我国男性大约有 70% 的人都患有不同程度的前列腺炎,而患有严重前列腺炎的男性患者在我国已超过了 7000 万,并且这些数据还有进一步上升的趋势。

很多人提起前列腺炎都认为是受了细菌感染,简单粗暴地用抗生素解决。其实研究显示,在前列腺炎患者中仅 5% 有细菌感染的证据,也就是说病原体感染并不是前列腺发病的主要原因。很多慢性前列腺炎患者是由于排尿功能障碍、精神心理等多重因素造成的,吃抗生素并不能解决根本问题。

前几天我就遇见这样一位患者。当时我正在为一位老人看病,一名男子突然推开门走进诊室,我的学生见状礼貌地示意他先在外边等候,待会儿叫他的号时再进来。

没想到,他却径直走到我面前说:"大夫,我就是前列腺炎,你给我开 2 盒诺佳依诺沙星片就行了，我还有事儿，在这干等着也是浪费时间。"

现在很多病人就是过分自信，自己想当然地吃药，这是对自己身体的极度不负责任。于是，我对他说："第一，诺佳依诺沙星片是抗生素处方药，我本着对病人负责，同时也是对自己负责的态度，在没有明确的诊断前我是不会给你开的；第二，就是你真的患了前列腺炎，也不一定达到用抗生素治疗的程度。这样吧，你先稍等下，我把这位病人看完就给你看。"

他听了我的劝告，便耐心地在一旁等候。在送走前一个病号后，我便开始询问他的情况。原来，这位男子是某单位的司机，从上个月开始出现尿频、尿急、尿痛等症状，根据生活经验，他知道这病是前列腺炎，吃点抗生素就没事了。

随后，我为他进行了详细检查，发现患者除了前列腺分泌物白细胞增多外，并没有出现感染证据，只是普通的炎症反应，很有可能是近期压力过大，生活不规律造成的。

于是，我对他说："你这病犯不着吃抗生素，我给你写一副特殊的处方，你按着处方做就可以了。"随后我写出了下面的处方。

治疗前列腺炎运动处方

抬臀摆体：仰卧位，以头部和两脚跟为支点。抬高臀部同时收缩会阴部肌肉，然后放下臀部，放松会阴部肌肉，反复做 20 次。两腿伸直，连同腰部像鱼儿在水中一样左右摆动，反复做 10 次。

抬腿抱膝：仰卧位，将双腿伸直抬高 50°，然后两腿交叉和外展，反复做 30～40 次。屈膝，双手抱膝，尽量向胸部靠拢，上身后仰，反复做 10 次。

按摩脐腰：坐位，左手在下，右手在上，顺时针按摩脐部，约做 2 分钟；然后两臂屈肘放于身后，用手掌上下来回按摩两侧腰肌，以感到发热为止，约做 2 分钟。

提足提肛：站立，双手叉腰，在两足跟提起时吸气，放下时呼气。吸气时，肛门提起来，呼气时，肛门放下，一吸一呼。反复做 20 次。

拍臀下蹲：站立，两手左右交替拍打臀部 20 次，再下蹲 10 次，蹲下时呼气，站起时吸气。

我写好后递给那位男子，他看了一眼说："你开的不是药，是运动方法呀。"

我说："只要能治病便就是药，像你这种长期久坐的患者，盆腔等局部充血是造成前列腺炎症的重要原因。我们知道血液循环是有规律的，人体处于运动状态，全身的血流循环加快，盆腔、前列腺等局部的充血状态就会减轻。对于你的职业特点，这套运动处方是最适合你的。"

男子听了我的解释，连连点头称是。后来，这位男子来找我，说锻炼半个月就开始起效了。

前列腺就像是卫兵排列在膀胱的前面，担任冲锋陷阵的先头兵角色。俗话说，兵可千日不用，不可一日不备。如果平常忽视了军队的操练，那当敌人侵犯的时候，前列腺定会毫无防备之力。所以，在当今快节奏的生活状态下，男性朋友们一定不要忽视了前列腺部位的功能锻炼。

腰臀锻炼法提高男人性能力

前一段接诊了一个从农村来的小伙儿，小伙子身体没什么毛病，就是性功能不行，性生活时时间特别短。

早泄的原因很复杂，心理因素、经验不足、器质病变等都会造成性事不举。经过一番检查，我首先为他排除了器质性病变。为了详细分析病因，我又与他进行了深入交谈。

原来小伙儿有打游戏的嗜好，因为家庭殷实，父母溺爱，在家也不需要干活，每天就是睡觉打游戏。过性生活本来就是个体力活，就像跑步，体力好的人能跑 1000 米，而体力不好的人只跑 200 米就"缴枪"了。

所以，我告诉他："你性功能不行是因为平常缺乏锻炼，手臂和腰部肌肉力量不够，所以使不上劲。"

男性在进行性行为时，腰背和手臂扮演着非常重要的角色，这些肢体部位都是主要着力点。如果手臂和腰部没有支撑力，身体的大部分精力就要耗在此处，自然没有多余的精力去完成。

我让他别花心思吃什么补品、壮阳药之类的了，有功夫还不如把精力用到实处，增加体育锻炼，增强手臂和腰部的力量。具体可以按照以下的训练方法锻炼。

腰臂锻炼法

俯卧舒展：面向地面，身体尽量躺下，双臂向前伸直，头部轻微抬起，双臂尽量向前伸展及双脚尽量向后伸展，每次伸展动作维持 10~15 秒，然后慢慢放松。

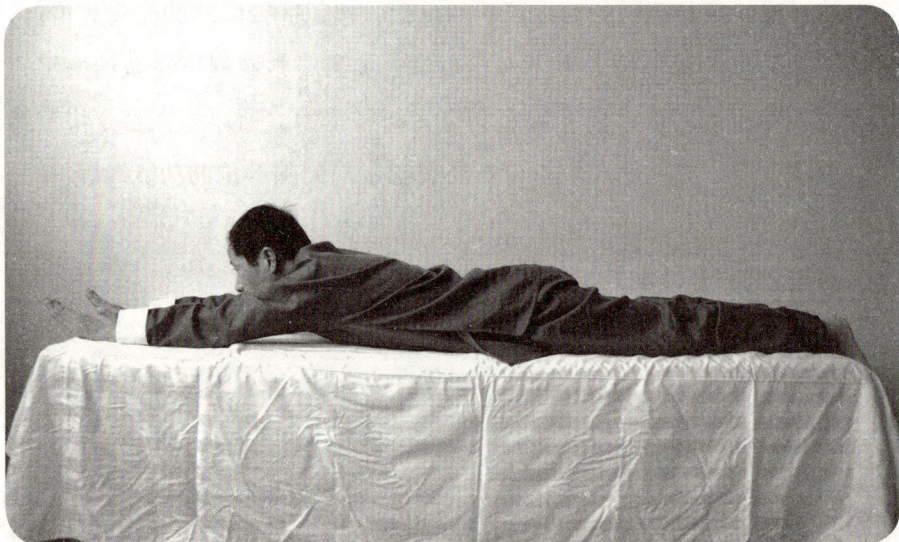

猫姿伸展：这套动作，顾名思义就是像猫儿伸展一样。首先，双臂向前伸展，俯身手掌触地。然后，将膝盖以上身体缓缓向后移动，但双膝始终要紧贴地面，做跪状，一直后移到臀部贴住脚跟，并尽量舒展手臂、头和背部，舒展动作维持 10 ～ 15 秒，然后慢慢放松，再重复整个动作。

屈背俯卧撑：姿势近似普通的俯卧撑，不同的是膝盖贴地。双臂稍向外以支撑地面，然后双臂做弯曲伸直的俯卧撑动作。注意维持腰部呈微弯，每次动作维持 10 秒，然后从头再重复 1 次。

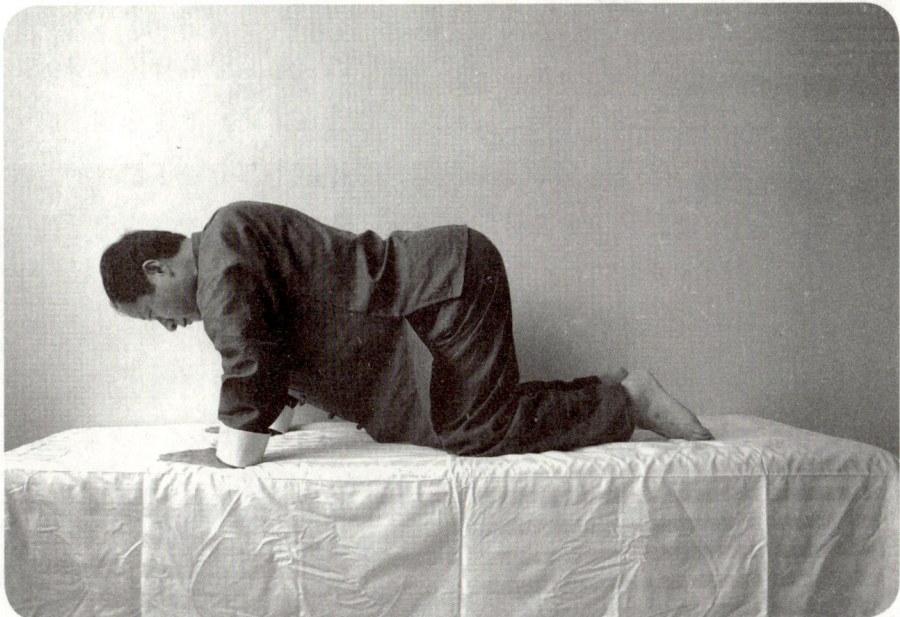

我让他长期坚持做上述动作，慢慢地性能力自然就提高了。并告诫他不要三天打鱼两天晒网，不然今后真的要靠药物度日了。还真别说，别看这小伙平常不爱活动，但在这件事上还真下了功夫。五个月后，他打电话跟我说，我推荐的这个方法确实不错，晨勃的时候感觉阴茎充满了力量，现在性生活的时间也比以前长多了。

在日常性生活中，经常感觉到自己性功能力不从心的朋友们不妨也坚持做腰臂锻炼，长期做上述动作，有利于增强手臂、腰背支撑力，从而达到提高和增强性功能的目的。锻炼时要切记按自己能力而为，循序渐进，谁也"一口吃不成个胖子"。

冬天手脚冰凉，试试拍手和足底按摩疗法

好多人，特别是女孩子，一到冬天，手脚就会变得冷冰冰的。晚上在被窝里怎么焐都焐不热，甚至到天亮了，手脚还是凉的，这样夜里睡不好，第二天身心都不舒服。

那么究竟是什么导致手脚冰冷呢？

中医认为，导致手脚冰凉主要有两种原因：第一种是身体本身的阳气并不虚衰，但气血运行不畅，导致阳气郁滞在体内，不能达到手脚，出现发凉的情况。这种人只是手脚发凉，身体躯干部分是不怕冷的，甚至怕热。另一种情况是因为身体阳气虚衰，不能温煦人体，特别是处于四肢末端的手脚就更得不到阳气的温煦。他们会出现全身怕冷，手脚尤为严重的现象。

不管是哪个原因引起的手脚冰凉，最主要的治疗原则就是加强血液循环、增加阳气，血液循环顺畅、阳气充足，手脚自然不会再发凉。

血液顺利的由心脏发出，携带氧气到全身各部位，氧经过"燃烧"后，能够产生热能，手脚就会温暖。同时人的身体受足够的阳气护卫，自然身体也不会出现过冷的感觉。

有人要问，那怎样才能达到你说的效果呢？很简单，我给大家说一个自己在空闲时间就能锻炼的方法，叫作拍手和足底按摩疗法。

拍手和足底按摩疗法

早上起床后、晚上在公园，甚至上班的路上，都可以做这个"拍手疗法"，具体方法如下：

实心掌拍手法

将十指张开，两手的手掌对手掌，手指对手指用力拍击，用最大的力量来拍手（发出的声响最响）。优点是打击面最完全，刺激量最大，所以治病强身的效果最好，但是练习时所发出的噪音令人难以消受，适合于在空旷之处练习。

空心掌拍手疗法

将手掌弓起，拍手时手指仍应张开，拍下去时，能拍到手指尖及手掌的边缘部分，但第二指节、第三指节以及掌心部分却拍不到，这种拍手疗法因为缩小了打击面，所以效果会差一些，因此需要拍打时间稍微长一些。

局部拍手疗法

即以右手的四指与左手的四指互拍，以右手掌的右侧拍左手掌的右侧，以右手掌的左侧拍左手掌的左侧；以右手掌的上部拍左手掌的下部，以右手掌的下部拍左

199

手掌的上部，以右手掌的下部拍左手掌的掌心，以左手掌的下部拍右手掌的掌心。

双手互拍法

左右掌背互拍、左右手虎口互拍、两手掌弯曲互拍、以一手的掌心拍另一手的手背；以一手的侧面拍另一手的掌心；以一手的掌心拍另一手的虎口、两手握拳对拍。在走路时，右脚前进时拍一下，左脚前进时双手向后甩，时间约数分钟。

此拍手法的好处是手上六条经脉——手太阴肺经、手少阴心经、手厥阴心包经、手太阳小肠经、手少阳三焦经、手阳明大肠经都刺激到了。如此即可促进心肺大小肠三焦的功能，促进血液的循环。

另外晚上在家时，可以增加足底按摩疗法，人的脚心部有一个穴位叫涌泉穴，用温水泡脚后，可用拇指快速按揉此处，直到有热感为佳，每天晚上按揉 100 下，再接着揉搓各脚趾 100 下。

这个方法对促进脚部的血液循环效果很好，配合上边所说的"拍手疗法"一起来做，能够很快缓解手脚冰凉的问题。

很多人受到这个小毛病的困扰，听到这个人说什么药效果好，就赶紧去买来吃，又听那个朋友说某个人用了另一种药后康复了，就又买来吃。翻来覆去，药是吃了不少，但是情况依然没有改善。有些情况下乱吃药还会引起身体各方面机能的紊乱，这个病没治好，反而引起了其他的疾病，真是划不来。

其实，治疗手脚冰冷有很多方法，吃药调理也有一定的效果，但是比较慢，有很多人就是吃中药吃时间太长，坚持不住了，结果半途而废。上面讲的这个拍手和足底按摩疗法，不仅可以温补肾阳，还可以锻炼全身，同时还节省了一部分药用开销，真值得应用！

最后告诉大家，平时不要穿太紧的衣服，因为衣服过紧会阻碍血液循环。另外，记得晚上要用热水泡脚，水温 40 度刚刚好。

得了脱肛，不能一"拖"再"拖"

什么是脱肛呢？

很多人都会有疑问，因为这个病虽然常见，但是经常不被大家认识到。脱肛就是指有肿物自肛门脱出。初发时肿物较小，排便时脱出，便后自行复位。以后肿物脱出渐频，体积增大，便后需用手托回肛门内，伴有排便不尽和下坠感。最后在咳嗽、用力甚至站立时亦可脱出。随着脱垂加重，引起不同程度的肛门失禁，常有黏液流出，导致肛周皮肤湿疹、瘙痒。因直肠排空困难，常出现便秘，大便次数减少，呈羊粪样。

小关是一位在银行上班的业务员，他发现自己有这种症状时，病情还处于初期。当时他来找我看病，显得很不好意思，表达病情时吞吞吐吐的，我对他说医生就是看病的，没必要觉得害羞，有什么症状只管说就是了。

他这才说："我最近肛门处很是不舒服，总是连着上厕所，刚出来过一会儿就又得去，还觉得有肛门处有东西随着排大便出来了一样。"

我听了他这叙述，确定他是患了脱肛这种病，我就问他："那不排便的时候感觉怎么样，有没有异物脱出肛门的感觉？"他回答说没有。

看来他是刚患上此病，治疗起来也不是很麻烦，我就对他说："你这是患了脱肛，但是不是很严重的，我给你个锻炼方法，经常照着做，过段时间后，你的病就会好了。"

脱肛锻炼疗法

提肛门运动：静坐，放松，将臀部及大腿用力夹紧，合上双眼，配合吸气时，向上收提肛门，提肛门后稍闭一下气，然后配合呼气时，全身放松。每次练90下。一日三次，在便后和睡前进行一次。还可以进行快速收缩肛门运动，每分钟进行30次，一日可做2次。

仰卧屈膝运动：仰卧屈膝，抬头，右手伸到左膝，然后松弛复原，再屈膝抬头，左手伸到右膝，松弛复原。每次运动 30 次。

指扩运动：右手食指涂适量润滑剂（如沐浴露等），先在肛门口按揉 1 分钟，然后缓缓伸入肛门达 2 个指节，向前后左右四个方向扩肛 3 分钟，要均匀用力，切忌使用暴力，可在便后及睡前各进行一次。

小关按照此方法做了三个月后，脱肛就痊愈了。

脱肛的主要症状就是肛管直肠外翻而脱垂于肛门外，想起来都会让人毛骨悚然。原因主要是排便的时候用力过度，或者长时间保持坐姿。有时候，痔核和肛瘘手术后，也会出现这种情况，严重影响人们的日常生活。就像是一台整天不停工作的机器，如果其中一个零部件松弛、脱落，不及时修好的话，就会严重影响工作效率。

此病确实是一个很棘手的问题，尤其是对于一些比较腼腆的男生和一些女生，这些患者往往会因为不好意思或者是碍于面子而不告诉别人，甚至是不去接受治疗，这就给脱肛的治疗造成了一定困扰。

其实，对待脱肛就是一个字——"拖"，好多人都是抱着不治也能行的态度，长期脱肛，会引发其他并发症。患过脱肛的病人应该知道，身患脱肛疾病靠"挨"是不能解决问题的，而且只能是越"挨"病情越重，所以必须认识脱肛的危害，及时治疗脱肛疾病。

很多人得了此病，都想选择手术的方法来治疗，事实上经会阴手术操作虽然安全，但是复发率较高。上边的这套锻炼方法是我总结出来的，对治疗脱肛效果很好，既节省手术费又能治好病。最后告诉大家，在锻炼的同时，要多吃高纤维、低脂肪的食物，多喝水，这样效果会更好。

功能锻炼，赶走痔疮

坐诊时碰见了一位患者，他跟我说，怀疑自己是患了痔疮。前几天排便的时候感觉肛门有坠胀感，非常不舒服，刚开始还以为是便秘，结果第三天发现大便里有鲜血，排便的时候肛门更痛了。因为大便时疼痛难忍，现在他已经对厕所产生了恐惧感，每天都刻意控制去卫生间的次数。

我说："听你的描述十有八九是痔疮，但是医学讲究用事实说话，待会我给你做个肛门检查，一切就清楚了。"

随后，通过肛门镜我观察到患者直肠末端黏膜处长了两三个绿豆大小的痔核，周围有出血和糜烂，这确实是痔疮无疑。

痔疮分为内痔和外痔，外痔肉眼可以观察出来，确诊方便。像这位患者，痔核长在肛门内的直肠末端黏膜处，肉眼无法看到，这就属于内痔。

我对这位患者说："你的症状比较轻，还处于一期阶段，治疗难度不大，可以先进行锻炼试试。"

他很疑惑，我接着给他解释说："你听说过运动疗法没有，就是对于一些疾病，患者利用器械或自身力量，通过某些运动方式以获得全身或局部的功能康复。像你这种处在临床一期的痔疮通过适宜的运动方法，再加上平常多吃梨、香蕉、菠菜、蜂蜜、冬瓜、芹菜等润肠、易消化的食物，便可以自己康复，根本不需要来医院。"

他听了兴奋地说："那太好了，我本来工作就忙，来回往医院跑着不方便，如果能在家就把病治好，这真是省了不少事儿。"

随后，我便手把手教了他具体锻炼的方法。

痔疮康复锻炼法

提肛运动：全身放松，然后用力加紧臀部及大腿，配合吸气，舌舔上腭，同时肛门向上提收。提肛后稍闭气不呼，然后配合呼气再全身放松。

骨盆运动：取仰卧位，屈膝使脚跟靠近臀部，两手放在头下，以脚掌和肩部作支点，使骨盆举起，同时提收肛门，放松时骨盆放下。熟练后，配合呼吸，提肛时吸气，放松时呼气。

这两个动作每日早晚各锻炼两次，其中提肛运动每次做10下，举骨盆运动每次做20下。

患者领会了动作的要领便高高兴兴地回家了。周一我再去坐门诊，刚打开诊室门，这位朋友便跟进来了。我以为他是来复查的呢，没想到他是专门来向我道谢的，他对我说："大夫，真是太感谢您了，您教的办法真管用，现在我排便已经不疼了。我干的是给人家跑长途的工作，天天都在驾驶座上坐，您要是给我治不好，以后我年年都得跟痔疮打交道。您这个运动疗法，真是解决了我一个大难题呀。"

俗话说"十人九痔"，对于久坐一族，痔疮便更普遍了。因为肛门是血管的末梢，而处于身体最低端，循环不好，血管回流慢，容易瘀血。如果长期久坐，静脉更容易扩张屈曲，导致血液淤积形成痔疮。所以，久坐的人一定要多注意运动，特别是加强对肛门周围和骨盆部位肌肉的运动量。

不过，如果真出了痔疮也不要紧张，痔疮有四个临床期：一期便血不脱出。二期脱出能自复。三期脱出复位难，一手推进方可还。四期脱出成嵌顿，用手推送也不进。一期是痔疮的始发阶段，是最轻最适合运动治疗的，要在这个阶段及时按照我说的运动方法治疗，痔疮便可以自愈。

动动脚趾强健肠胃祛口臭

口臭，总是让人"难以启齿"，现代社交特别注重个人健康，如果你有口臭，那可就失败了一半。什么是口臭呢？口臭是指从口腔或鼻、鼻窦、咽，所散发出的臭气，由于引起口臭的部位不同，有的人能感觉到自己口臭，而多数人感觉不到自己口臭，一般多与疾病有关。

那么又是什么疾病引起的口臭呢？其实原因有很多，比如说牙龈炎、口腔溃疡，但是这些原因只会短时间出现口臭，几天后这些小病好了，口臭自然也就没了。

还有一个导致口臭的最大原因就是脏腑功能失调，这里所说的脏腑主要就是指胃肠，中医认为，口臭多由肠胃积热或食积不化所致，这些东西长期淤积在体内排不出去就变成了毒素，从而引起口臭。

小赵是一位刚毕业的大学生，在学校学的是市场营销专业，现在同学们都参加工作了，而且都发展得很好，而他虽然找到了一份工作，可自己的业绩一直上不去，可以说混得很差，那么是什么原因呢？因为他有口臭，跟客户沟通交流都产生了障碍。

这天，他来到我的诊室，坐下来对我说："医生，我有口臭，你给我治治吧。"刚说完一句话，我就闻到了一股酸臭味，看来他的口臭很严重。

我仔细检查了他的口腔，没有发现有什么溃疡和炎症等口腔疾病，于是就问他："你这口臭多长时间了？"

他忙说："好些年了，一直也没当回事，不疼不痒的也就没有治疗。"

我又问他肠胃怎么样，他说从高中到现在一直都不好，总是吃完饭后觉得胃疼，而且还经常恶心、呕吐、拉肚子。

经过各项检查和仔细的分析，我最终确定他这是胃肠功能失调引起的口臭，药物治疗有一定作用，但不是最好的选择，因为药物对胃肠的刺激比较大，加之患者本来胃肠功能就不好，吃药只能是"拆东墙补西墙"，最终还是不能有效地提高胃肠功能，所以还是少吃为好。

最好的方法其实就是进行锻炼，这锻炼的部位也很重要，哪儿呢？脚趾。你不妨观察一下，胃肠功能好的人，第二、三脚趾往往粗壮而有弹性，站立时抓地牢固；而胃肠功能差的，这两个脚趾多干瘪而无弹性，站立时往往抓地不牢。

为什么锻炼脚趾就可以锻炼肠胃呢？这主要是因为我们的足阳明胃经的末端就在第二脚趾上。

活动脚趾锻炼法

脚趾抓地：站立或坐姿，将双脚放平，紧贴地面，与肩同宽，连续做脚趾抓地动作60～90次。做此动作时，可赤脚或穿柔软平底鞋，每日可重复多次。

脚趾取物：每天洗脚时可在盆里放一些椭圆形、大小适中的鹅卵石

或其他物体，在泡脚的同时练习用第二、第三脚趾反复夹取。温水泡脚
有利于疏通经络，脚趾夹取鹅卵石或其他物体可刺激局部胃经的穴位，
坚持练习对胃病患者大有裨益。

扳脚趾： 反复将脚趾往上扳或往下扳，同时配合按摩第二、第三脚
趾趾缝间。对消化不良及有口臭、便秘的患者，宜顺着脚趾的方向按摩，
以达到泻胃火的目的。对于脾胃虚弱、腹泻者，可逆着脚趾的方向按摩。

小赵按照这个方法练了一段时间后，自己的胃肠功能明显得到了改
善，吃饭吃得多了，也不会呕吐、拉肚子了，现在他的口臭也痊愈了。

口臭严重影响人与人之间的社会交往和心理健康，特别是青年男女
之间，同事之间，朋友之间的相处。别小看口臭这小小的毛病，它会使
人不敢与人近距离交往，从而产生自卑心理，令人十分苦恼。

所以，如果你也正在受着口臭的折磨和困扰，不妨试试上面锻炼脚
趾的方法，不仅能帮你告别烦恼，还能节省医药费开支。

后 记

"你是一名临床医生，为什么对锻炼疗法有如此浓厚的兴趣呢？""你是一名骨科大夫，为什么别的专业领域你也懂呢？"这是我在编写本书的过程中被身边人问得最多的问题。

说实话，作为一名医生，如何去帮助更多的人，如何用更简单、更安全、更价廉的方法去帮助更多的人，一直是我思考的问题。从医三十多年来，作为一名骨科医生，我深知：治疗运动系统疾病的同时离不开运动和锻炼，用得越早，用得越多，用得越及时，疾病的恢复效果就会越好，并且很多疾病通过恰当的锻炼，还可预防其复发。基于此，我在临床工作中特别注重锻炼疗法的积累和学习，不断向上级老师学，向身边专家学，向文献资料学，并注重跨专业常见疾病锻炼疗法的积累。

我在临床中看到越来越多的因锻炼疗法而获愈的患者，也看到他们不需要经济投入或只是很少投入，就能获得更好的疗效，看到他们一张张恢复健康后的笑脸，我更加感受到这种治疗的必要性和正确性，也进一步坚定了编写此书的决心。

本书的编写得到了诸多专家教授的关心和帮助，还有中国中医药出版社黄春雁编辑的细心指导和鼓励，摄影师黄少华拍摄和制作的精美插图，以及我的学生和家人的帮助。我对他们在此过程中付出的艰辛劳动和无私支持，在此深深地致谢！希望大家的共同努力，能让读者们在阅读后有所裨益。

亲爱的读者们，感谢你们百忙之中阅读此书！愿在今后的生活中，你们能练就一副好身体，健康快乐地生活！

朱瑜琪

2017 年 8 月